TRANZLATY

La lingua è per tutti

语言属于每个人

Il richiamo della foresta

野性的呼唤

Jack London
杰克·伦敦

Italiano / 普通话

Nel primitivo
进入原始

Buck non leggeva i giornali.

巴克不看报纸。

Se avesse letto i giornali avrebbe saputo che i guai si stavano avvicinando.

如果他读过报纸，他就会知道麻烦即将来临。

Non erano guai solo per lui, ma per tutti i cani da caccia.

不仅他自己有麻烦，每一只潮水狗都遇到麻烦。

Ogni cane con muscoli forti e pelo lungo e caldo sarebbe stato nei guai.

每只肌肉发达、毛发温暖且长的狗都会遇到麻烦。

Da Puget Bay a San Diego nessun cane poteva sfuggire a ciò che stava per accadere.

从普吉特湾到圣地亚哥，没有一只狗能够逃脱即将发生的一切。

Gli uomini, brancolando nell'oscurità artica, avevano trovato un metallo giallo.

人们在北极的黑暗中摸索，发现了一种黄色的金属。

Le compagnie di navigazione a vapore e di trasporto erano alla ricerca della scoperta.

轮船和运输公司都在追逐这一发现。

Migliaia di uomini si riversarono nel Nord.

数以千计的士兵涌入北国。

Questi uomini volevano dei cani, e i cani che volevano erano cani pesanti.

这些人想要狗，而且他们想要的狗是重型狗。

Cani dotati di muscoli forti per lavorare duro.

拥有强健肌肉、能吃苦耐劳的狗。

Cani con il pelo folto che li protegge dal gelo.

狗有毛皮来抵御霜冻。

Buck viveva in una grande casa nella soleggiata Santa Clara Valley.

巴克住在阳光明媚的圣克拉拉谷的一所大房子里。

La casa del giudice Miller era chiamata così.

这是米勒法官的住所，也就是他的房子。

La sua casa era nascosta tra gli alberi, lontana dalla strada.

他的房子远离道路，半隐藏在树林中。

Si poteva intravedere l'ampia veranda che circondava la casa.

人们可以瞥见环绕房屋的宽阔阳台。

Si accedeva alla casa tramite vialetti ghiaiosi.

通往房屋的路是碎石车道。

I sentieri si snodavano attraverso ampi prati.

小路蜿蜒穿过宽阔的草坪。

In alto si intrecciavano i rami degli alti pioppi.

头顶上是高大的白杨树交错的枝干。

Nella parte posteriore della casa le cose erano ancora più spaziose.

房子的后部空间更加宽敞。

C'erano grandi scuderie, dove una dozzina di stallieri chiacchieravano

那里有大马厩，十几个马夫正在聊天

C'erano file di cottage per i servi ricoperti di vite

有一排排爬满藤蔓的仆人小屋

E c'era una serie infinita e ordinata di latrine

还有一排排整齐排列的户外厕所

Lunghi pergolati d'uva, pascoli verdi, frutteti e campi di bacche.

长长的葡萄架、绿色的牧场、果园和浆果园。

Poi c'era l'impianto di pompaggio per il pozzo artesiano.

然后还有自流井的抽水站。

E c'era la grande cisterna di cemento piena d'acqua.

那里有一个装满水的大水泥罐。

Qui i ragazzi del giudice Miller hanno fatto il loro tuffo mattutino.

米勒法官的儿子们在这里进行了晨间跳水。

E lì si rinfrescavano anche nel caldo pomeriggio.

在炎热的下午，它们也在那里降温。

E su questo grande dominio, Buck era colui che lo governava tutto.

在这片广阔的土地上，巴克是统治者。

Buck nacque su questa terra e visse qui tutti i suoi quattro anni.

巴克在这片土地上出生，并在这里度过了他一生的四年。

C'erano effettivamente altri cani, ma non avevano molta importanza.

确实还有其他狗，但它们并不重要。

In un posto vasto come questo ci si aspettava la presenza di altri cani.

在如此广阔的地方，预计还会有其他狗。

Questi cani andavano e venivano oppure vivevano nei canili affollati.

这些狗来来去去，或者住在繁忙的狗舍里。

Alcuni cani vivevano nascosti in casa, come Toots e Ysabel.

有些狗像 Toots 和 Ysabel 一样，隐居在屋子里。

Toots era un carlino giapponese, Ysabel una cagnolina messicana senza pelo.

图茨是一只日本哈巴狗，伊莎贝尔是一只墨西哥无毛犬。

Queste strane creature raramente uscivano di casa.

这些奇怪的生物很少走出屋子。

Non toccarono terra né annusarono l'aria esterna.

它们没有接触地面，也没有嗅到外面的空气。

C'erano anche i fox terrier, almeno una ventina.

还有猎狐梗，数量至少有二十只。

Questi terrier abbaiavano ferocemente a Toots e Ysabel in casa.

这些梗犬在室内对着 Toots 和 Ysabel 凶猛地吠叫。

Toots e Ysabel rimasero dietro le finestre, al sicuro da ogni pericolo.

图茨和伊莎贝尔躲在窗户后面，没有受到伤害。

Erano sorvegliati da domestiche armate di scope e stracci.

他们由拿着扫帚和拖把的女佣守护着。

Ma Buck non era un cane da casa e nemmeno da canile.

但巴克不是家犬，也不是犬舍犬。

L'intera proprietà apparteneva a Buck come suo legittimo regno.

全部财产都属于巴克，是他的合法领地。

Buck nuotava nella vasca o andava a caccia con i figli del giudice.

巴克在水箱里游泳或与法官的儿子们一起去打猎。

Camminava con Mollie e Alice nelle prime ore del mattino o tardi.

他总是在清晨或深夜与莫莉和爱丽丝一起散步。

Nelle notti fredde si sdraiava davanti al fuoco della biblioteca insieme al giudice.

在寒冷的夜晚，他与法官一起躺在图书馆的火炉前。

Buck accompagnava i nipoti del giudice sulla sua robusta schiena.

巴克用它强壮的背背载着法官的孙子们。

Si rotolava nell'erba insieme ai ragazzi, sorvegliandoli da vicino.

他和孩子们一起在草地上打滚，密切守护着他们。

Si avventurarono fino alla fontana e addirittura oltre i campi di bacche.

他们冒险前往喷泉，甚至穿过浆果田。

Tra i fox terrier, Buck camminava sempre con orgoglio regale.

在猎狐梗中，巴克总是带着高贵的骄傲。

Ignorò Toots e Ysabel, trattandoli come se fossero aria.

他无视 Toots 和 Ysabel，把他们当空气一样对待。

Buck governava tutte le creature viventi sulla terra del giudice Miller.

巴克统治着米勒法官土地上的所有生物。

Dominava gli animali, gli insetti, gli uccelli e perfino gli esseri umani.

他统治着动物、昆虫、鸟类，甚至人类。

Il padre di Buck, Elmo, era un enorme e fedele San Bernardo.

巴克的父亲埃尔莫是一只体型巨大、忠诚的圣伯纳犬。

Elmo non si allontanò mai dal Giudice e lo servì fedelmente.

艾摩从未离开过法官的身边，并忠实地为他服务。

Buck sembrava pronto a seguire il nobile esempio del padre.

巴克似乎准备效仿父亲的高尚榜样。

Buck non era altrettanto grande: pesava sessanta chili.

巴克的体型没有那么大，体重只有一百四十磅。

Sua madre, Shep, era una splendida cagnolina da pastore scozzese.

他的母亲谢普（Shep）是一只优秀的苏格兰牧羊犬。

Ma nonostante il suo peso, Buck camminava con una presenza regale.

但即使体重如此之重，巴克走路时依然带着高贵的气质。

Ciò derivava dal buon cibo e dal rispetto che riceveva sempre.

这源于他一直以来所受到的美食和尊重。

Per quattro anni Buck aveva vissuto come un nobile viziato.

四年来，巴克过着像被宠坏的贵族一样的生活。

Era orgoglioso di sé stesso e perfino un po' egocentrico.

他对自己很骄傲，甚至有点自负。

Quel tipo di orgoglio era comune tra i signori delle campagne remote.

这种骄傲在边远的国主中很常见。

Ma Buck si salvò dal diventare un cane domestico viziato.

但巴克避免了成为被宠坏的家犬。

Rimase snello e forte grazie alla caccia e all'esercizio fisico.

他通过狩猎和锻炼保持了精瘦和强壮。

Amava profondamente l'acqua, come chi si bagna nei laghi freddi.

他深爱水，就像在冷湖中沐浴的人一样。

Questo amore per l'acqua mantenne Buck forte e molto sano.

对水的热爱让巴克保持着强壮、健康的体魄。

Questo era il cane che Buck era diventato nell'autunno del 1897.

这就是巴克在 1897 年秋天变成的那只狗。

Quando lo sciopero del Klondike spinse gli uomini verso il gelido Nord.

当克朗代克矿脉将人们吸引到冰冻的北方时。

Da ogni parte del mondo la gente accorse in massa verso la fredda terra.

人们从世界各地涌入这片寒冷的土地。

Buck, tuttavia, non leggeva i giornali e non capiva le notizie.

然而，巴克不看报纸，也不懂新闻。

Non sapeva che Manuel fosse una persona cattiva con cui stare.

他不知道曼努埃尔是个坏人。

Manuel, che aiutava in giardino, aveva un grosso problema.

在花园帮忙的曼努埃尔遇到了一个严重的问题。

Manuel era dipendente dal gioco d'azzardo alla lotteria cinese.

曼努埃尔沉迷于中国彩票赌博。

Credeva fermamente anche in un sistema fisso per vincere.

他也坚信固定的制胜体系。

Questa convinzione rese il suo fallimento certo e inevitabile.

这种信念使他的失败成为必然和不可避免的结果。

Per giocare con un sistema erano necessari soldi, soldi che a Manuel mancavano.

玩系统需要钱，而曼努埃尔缺乏钱。

Il suo stipendio bastava a malapena a sostenere la moglie e i numerosi figli.

他的工资仅够养活他的妻子和几个孩子。

La notte in cui Manuel tradì Buck, tutto era normale.

曼努埃尔背叛巴克的那天晚上，一切都很正常。

Il giudice si trovava a una riunione dell'Associazione dei coltivatori di uva passa.

法官当时正在参加葡萄干种植者协会的会议。

A quel tempo i figli del giudice erano impegnati a fondare un club sportivo.

当时，法官的儿子们正忙着组建一个运动俱乐部。

Nessuno vide Manuel e Buck uscire dal frutteto.

没有人看到曼努埃尔和巴克穿过果园离开。

Buck pensava che questa fosse solo una semplice passeggiata notturna.

巴克以为这次散步只是一次简单的夜间散步。

Incontrarono un solo uomo alla stazione della bandiera, a College Park.

他们在学院公园的旗站只遇见了一个人。

Quell'uomo parlò con Manuel e si scambiarono i soldi.

那个男人和曼努埃尔交谈，然后他们交换了钱。

"Imballa la merce prima di consegnarla", suggerì.

他建议道："发货前先把货物包好。"

La voce dell'uomo era roca e impaziente mentre parlava.

男人说话的声音很粗鲁，带着一丝不耐烦。

Manuel legò con cura una corda spessa attorno al collo di Buck.

曼努埃尔小心翼翼地将一根粗绳子绑在巴克的脖子上。

"Se giri la corda, lo strangolerai di brutto"

"拧动绳子，你就能把他勒死"

Lo straniero emise un grugnito, dimostrando di aver capito bene.

陌生人咕哝了一声，表示他明白了。

Quel giorno Buck accettò la corda con calma e silenziosa dignità.

那天，巴克平静而庄重地接受了绳子。

Era un atto insolito, ma Buck si fidava degli uomini che conosceva.

这是一个不寻常的举动，但巴克信任他认识的人。

Credeva che la loro saggezza andasse ben oltre il suo pensiero.

他相信他们的智慧远远超出了他自己的思维。

Ma poi la corda venne consegnata nelle mani dello straniero.

但随后绳子就被交到了陌生人的手中。

Buck emise un ringhio basso che suonava come un avvertimento e una minaccia silenziosa.

巴克发出一声低沉的咆哮，带着无声的威胁和警告。

Era orgoglioso e autoritario e intendeva mostrare il suo disappunto.

他骄傲而威严，意在表达他的不满。

Buck credeva che il suo avvertimento sarebbe stato interpretato come un ordine.

巴克相信他的警告会被理解为命令。

Con suo grande stupore, la corda si strinse rapidamente attorno al suo grosso collo.

令他震惊的是，绳子紧紧地勒住了他粗壮的脖子。

Gli mancò l'aria e cominciò a lottare in preda a una rabbia improvvisa.

他的呼吸被切断，他突然愤怒地开始战斗。

Si lanciò verso l'uomo, che si lanciò rapidamente contro Buck a mezz'aria.

他向那人扑去，那人很快在半空中与巴克相遇。

L'uomo afferrò Buck per la gola e lo fece ruotare abilmente in aria.

那人抓住巴克的喉咙，熟练地将他扭到空中。

Buck venne scaraventato a terra con violenza, atterrando sulla schiena.

巴克被重重地摔倒，仰面朝天地摔在地上。

La corda ora lo strangolava crudelmente mentre lui scalciava selvaggiamente.

当他疯狂地踢腿时，绳子残忍地勒住了他。

La sua lingua cadde fuori, il suo petto si sollevò, ma non riprese fiato.

他的舌头掉了下来，胸口起伏，但却没有呼吸。

Non era mai stato trattato con tanta violenza in vita sua.

他一生中从未遭受过如此暴力的对待。

Non era mai stato così profondamente invaso da una rabbia così profonda.

他也从来没有感到过如此强烈的愤怒。

Ma il potere di Buck svanì e i suoi occhi diventarono vitrei.

但巴克的力量逐渐减弱，他的眼神变得呆滞。

Svenne proprio mentre un treno veniva fermato lì vicino.

就在附近一列火车停下来时，他昏了过去。

Poi i due uomini lo caricarono velocemente nel vagone bagagli.

随后两人迅速将他扔进行李车。

La cosa successiva che Buck sentì fu dolore alla lingua gonfia.

巴克接下来感觉到的是肿胀的舌头疼痛。

Si muoveva su un carro traballante, solo vagamente cosciente.

他坐在摇晃的车里，意识模糊。

Il fischio acuto di un treno rivelò a Buck la sua posizione.

火车的尖锐汽笛声告诉了巴克他的位置。

Aveva spesso cavalcato con il Giudice e conosceva quella sensazione.

他经常和法官一起骑马，所以了解这种感觉。

Fu un'esperienza unica viaggiare di nuovo in un vagone bagagli.

这是再次乘坐行李车旅行时独特的震撼。

Buck aprì gli occhi e il suo sguardo ardeva di rabbia.

巴克睁开双眼，目光中燃烧着愤怒。

Questa era l'ira di un re orgoglioso detronizzato.

这是一位被从王位上赶下来的骄傲国王的愤怒。

Un uomo allungò la mano per afferrarlo, ma Buck colpì per primo.

一个人伸手去抓他，但巴克先动手了。

Affondò i denti nella mano dell'uomo e la strinse forte.

他咬住男人的手，紧紧地握住。

Non mi lasciò andare finché non svenne per la seconda volta.

直到第二次昏过去，他才松手。

"Sì, ha degli attacchi", borbottò l'uomo al facchino.

"是的，发作了，" 那人对行李员低声说道。

Il facchino aveva sentito la colluttazione e si era avvicinato.

行李员听到了打斗声并走近了。

"Lo porto a Frisco per conto del capo", spiegò l'uomo.

"我要带他去旧金山见老板，" 那人解释道。

"C'è un bravo dottore per cani che dice di poterli curare."

"那里有一位优秀的狗医生，他说他可以治好它们。"

Più tardi quella notte l'uomo raccontò la sua versione completa.

当晚晚些时候，该男子讲述了他的完整经历。

Parlava da un capannone dietro un saloon sul molo.

他在码头一家酒吧后面的棚子里发表了讲话。

"Mi hanno dato solo cinquanta dollari", si lamentò con il gestore del saloon.

"我只得到了五十美元，" 他向酒吧服务员抱怨道。

"Non lo rifarei, nemmeno per mille dollari in contanti."

"我不会再这么做了，哪怕是为了一千美元现金。"

La sua mano destra era strettamente avvolta in un panno insanguinato.

他的右手被一块沾满鲜血的布紧紧包裹着。

La gamba dei suoi pantaloni era completamente strappata dal ginocchio al piede.

他的裤腿从膝盖到脚被撕开了一道口子。

"Quanto è stato pagato l'altro tizio?" chiese il gestore del saloon.

"另一个家伙得到了多少钱？" 酒吧服务员问道。

«Cento», rispose l'uomo, «non ne accetterebbe uno in meno».

"一百，" 那人回答，"少一分钱他也不会收。"

"Questo fa centocinquanta", disse il gestore del saloon.

"一共一百五十，" 酒吧老板说。

"E lui li merita tutti, altrimenti non sono meglio di uno stupido."

"他值得我为他付出一切，否则我就和傻瓜没什么两样。"

L'uomo aprì gli involucri per esaminarsi la mano.

该男子打开包装纸检查他的手。

La mano era gravemente graffiata e ricoperta di croste di sangue secco.

这只手被严重撕裂，上面布满了干涸的血迹。

"Se non mi viene l'idrofobia..." cominciò a dire.

"如果我没有得恐水症……" 他开始说道。

"Sarà perché sei nato per impiccarti", giunse una risata.

"那是因为你生来就是要挂的，" 一阵笑声传来。

"Aiutami prima di partire", gli chiesero.

有人问道："走之前先来帮我一下。"

Buck era stordito dal dolore alla lingua e alla gola.

巴克因舌头和喉咙疼痛而陷入昏迷。

Era mezzo strangolato e riusciva a malapena a stare in piedi.

他被勒得半死，几乎站不起来。

Ciononostante, Buck cercò di affrontare gli uomini che lo avevano ferito così duramente.

尽管如此，巴克还是试图面对那些伤害过他的人。

Ma lo gettarono a terra e lo strangolarono ancora una volta.

但他们又一次把他摔倒并勒住他的脖子。

Solo allora riuscirono a segargli il pesante collare di ottone.

只有这样，他们才能锯掉他沉重的黄铜项圈。

Tolsero la corda e lo spinsero in una cassa.

他们解开绳子，把他塞进一个板条箱里。

La cassa era piccola e aveva la forma di una gabbia di ferro grezza.

这个箱子很小，形状像一个粗糙的铁笼子。

Buck rimase lì per tutta la notte, pieno di rabbia e di orgoglio ferito.

巴克整晚躺在那里，心中充满愤怒和受伤的自尊。

Non riusciva nemmeno a capire cosa gli stesse succedendo.

他无法理解自己身上到底发生了什么事。

Perché quegli strani uomini lo tenevano in quella piccola cassa?

这些陌生人为什么要把他关在这个小箱子里？

Cosa volevano da lui e perché questa crudele prigionia?

他们想要从他身上得到什么？为什么要对他进行如此残酷的囚禁？

Sentì una pressione oscura e la sensazione che il disastro si avvicinasse.

他感到一股黑暗的压力；一种灾难正在逼近的感觉。

Era una paura vaga, ma si impadronì pesantemente del suo spirito.

这是一种模糊的恐惧，但它却沉重地压在他的心头。

Diverse volte sobbalzò quando la porta del capanno sbatteva.

有好几次，当棚门嘎嘎作响时，他都跳了起来。

Si aspettava che il giudice o i ragazzi apparissero e lo salvassero.

他希望法官或男孩们出现并拯救他。

Ma ogni volta solo la faccia grassa del gestore del saloon faceva capolino all'interno.

但每次只有酒吧老板的胖脸向里面张望。

Il volto dell'uomo era illuminato dalla debole luce di una candela di sego.

一支牛脂蜡烛昏暗的光芒照亮了男人的脸。

Ogni volta, il latrato gioioso di Buck si trasformava in un ringhio basso e arrabbiato.

每次，巴克欢快的吠叫都会变成低沉而愤怒的咆哮。

Il gestore del saloon lo ha lasciato solo per la notte nella cassa

酒吧老板把他独自留在板条箱里过夜

Ma quando si svegliò la mattina seguente, altri uomini stavano arrivando.

但当他早上醒来时，更多的人来了。

Arrivarono quattro uomini e, con cautela, sollevarono la cassa senza dire una parola.

四个男人走了过来，一言不发地小心翼翼地抬起了板条箱。

Buck capì subito in quale situazione si trovava.

巴克立刻意识到自己所处的境地。

Erano ulteriori tormentatori che doveva combattere e temere.

他们进一步折磨着他，他必须与之斗争，并惧怕他们。

Questi uomini apparivano malvagi, trasandati e molto mal curati.

这些人看上去邪恶、衣衫褴褛，而且衣着很差。

Buck ringhiò e si lanciò contro di loro con furia attraverso le sbarre.

巴克咆哮着，透过栅栏凶猛地向他们扑来。

Si limitarono a ridere e a colpirlo con lunghi bastoni di legno.

他们只是大笑并用长木棍戳他。

Buck morse i bastoncini, poi capì che era quello che gli piaceva.

巴克咬了咬树枝，然后意识到这就是它们喜欢的东西。

Così si sdraiò in silenzio, imbronciato e acceso da una rabbia silenziosa.

于是他静静地躺下，闷闷不乐，心中却燃烧着愤怒。

Caricarono la cassa su un carro e se ne andarono con lui.

他们把板条箱抬到一辆马车上，然后把他带走了。

La cassa, con Buck chiuso dentro, cambiò spesso proprietario.

巴克被锁在箱子里，箱子经常易手。

Gli impiegati dell'ufficio espresso presero in mano la situazione e si occuparono di lui per un breve periodo.

快递办公室的工作人员接手了此事，并对他进行了简单的处理。

Poi un altro carro trasportò Buck attraverso la rumorosa città.

然后另一辆马车载着巴克穿过喧闹的小镇。

Un camion lo portò con sé scatole e pacchi su un traghetto.

一辆卡车将他连同箱子和包裹一起运上了渡船。

Dopo l'attraversamento, il camion lo scaricò presso un deposito ferroviario.

过境后，卡车将他卸在了火车站。

Alla fine Buck venne fatto salire a bordo di un vagone espresso in attesa.

最后，巴克被安置在一辆等候的快车车厢里。

Per due giorni e due notti i treni trascinarono via il vagone espresso.

两天两夜，火车拉着特快车前行。

Buck non mangiò né bevve durante tutto il doloroso viaggio.

在整个痛苦的旅途中，巴克既没吃也没喝。

Quando i messaggeri cercarono di avvicinarlo, lui ringhiò.

当快递员试图接近他时，他发出咆哮声。

Risposero prendendolo in giro e prendendolo in giro crudelmente.

他们以残酷的方式嘲笑和戏弄他。

Buck si gettò contro le sbarre, schiumando e tremando

巴克猛地扑向铁栏，口吐白沫，浑身发抖

risero sonoramente e lo presero in giro come i bulli della scuola.

他们大笑起来，像校园恶霸一样嘲笑他。

Abbaiavano come cani finti e agitavano le braccia.

他们像假狗一样狂吠，并挥舞着手臂。

Arrivarono persino a cantare come galli, solo per farlo arrabbiare ancora di più.

它们甚至像公鸡一样啼叫，只是为了让他更加难过。

Era un comportamento sciocco e Buck sapeva che era ridicolo.

这是愚蠢的行为，巴克知道这很荒谬。

Ma questo non fece altro che accrescere il suo senso di indignazione e vergogna.

但这只会加深他的愤怒和羞耻感。

Durante il viaggio la fame non lo disturbò molto.

旅途中他并没有太受饥饿的困扰。

Ma la sete portava con sé dolori acuti e sofferenze insopportabili.

但口渴会带来剧烈的疼痛和难以忍受的痛苦。

La sua gola secca e infiammata e la lingua bruciavano per il calore.

他的喉咙和舌头干燥发炎，灼热难耐。

Questo dolore alimentava la febbre che cresceva nel suo corpo orgoglioso.

这种痛苦使他骄傲的身体里升起了高烧。

Durante questa prova Buck fu grato per una sola cosa.

在这次审判中，巴克唯一感恩的就是一件事。

Gli avevano tolto la corda dal grosso collo.

他粗壮脖子上的绳子已经解开了。

La corda aveva dato a quegli uomini un vantaggio ingiusto e crudele.

绳索给那些人带来了不公平且残酷的优势。

Ora la corda non c'era più e Buck giurò che non sarebbe mai più tornata.

现在绳子不见了，巴克发誓它永远不会回来。

Decise che nessuna corda gli sarebbe mai più passata intorno al collo.

他决心不再让绳子缠绕自己的脖子。

Per due lunghi giorni e due lunghe notti soffrì senza cibo.

漫长的两天两夜，他没有吃东西，苦不堪言。

E in quelle ore, accumulò dentro di sé una rabbia enorme.

在那几个小时里，他内心充满了愤怒。

I suoi occhi diventarono iniettati di sangue e selvaggi per la rabbia costante.

他的眼睛因持续的愤怒而变得布满血丝，充满狂野。

Non era più Buck, ma un demone con le fauci che
schioccavano.

他不再是巴克，而是一个有着尖利下巴的恶魔。

Nemmeno il Giudice avrebbe potuto riconoscere questa
folle creatura.

甚至连法官都不会认识这个疯狂的生物。

I messaggeri espressi tirarono un sospiro di sollievo quando
giunsero a Seattle

快递员们到达西雅图后松了一口气

Quattro uomini sollevarono la cassa e la portarono in un
cortile sul retro.

四个男人抬起板条箱并将其运送到后院。

Il cortile era piccolo, circondato da mura alte e solide.

院子不大，四周都是高大坚固的围墙。

Un uomo corpulento uscì dalla stanza con una scollatura
larga e una camicia rossa.

一个身材高大的男人穿着松垮的红色毛衣走了出来。

Firmò il registro delle consegne con una calligrafia spessa e
decisa.

他用粗壮的字体在交货簿上签名。

Buck intuì subito che quell'uomo era il suo prossimo
aguzzino.

巴克立刻意识到这个人就是他的下一个折磨者。

Si lanciò violentemente contro le sbarre, con gli occhi rossi
di rabbia.

他猛烈地向栅栏猛扑过去，眼睛里充满了愤怒。

L'uomo si limitò a sorridere amaramente e andò a prendere
un'ascia.

那人只是阴沉地笑了笑，然后去拿一把斧头。

Teneva anche una mazza nella sua grossa e forte mano
destra.

他还用粗壮有力的右手拿着一根球杆。

"Lo porterai fuori adesso?" chiese l'autista preoccupato.

司机担心的问道："你现在要带他出去吗？"

"Certo", disse l'uomo, infilando l'ascia nella cassa come se fosse una leva.

"当然可以，"男人说着，把斧头插进板条箱，当作杠杆。

I quattro uomini si dileguarono all'istante, saltando sul muro del cortile.

四个人立刻四散开来，跳上了院子的围墙。

Dai loro punti sicuri in alto, aspettavano di ammirare lo spettacolo.

他们在上面的安全地点等待观看这一奇观。

Buck si lanciò contro il legno scheggiato, mordendolo e scuotendolo violentemente.

巴克猛扑向碎木头，猛烈地咬着，颤抖着。

Ogni volta che l'ascia colpiva la gabbia, Buck era lì pronto ad attaccarla.

每次斧头砍到笼子时，巴克都会攻击它。

Ringhiò e schioccò le dita in preda a una rabbia selvaggia, desideroso di essere liberato.

他狂怒地咆哮着、撕咬着，渴望得到释放。

L'uomo all'esterno era calmo e fermo, concentrato sul suo compito.

外面的男人镇定而坚定，专心于自己的任务。

"Bene allora, diavolo dagli occhi rossi", disse quando il buco fu grande.

"好吧，你这个红眼魔鬼，"当洞变大时，他说。

Lasciò cadere l'ascia e prese la mazza nella mano destra.

他扔掉斧头，用右手拿起棍棒。

Buck sembrava davvero un diavolo: aveva gli occhi iniettati di sangue e fiammeggianti.

巴克看起来真的像个魔鬼；眼睛里布满血丝，怒火中烧。

Il suo pelo si rizzò, la schiuma gli salì alla bocca e gli occhi brillarono.

他的外套竖了起来，嘴里冒着泡沫，眼睛闪闪发光。

Lui tese i muscoli e si lanciò dritto verso il maglione rosso.

他绷紧肌肉，径直向红色毛衣扑去。

Centoquaranta libbre di furia si riversarono sull'uomo calmo.

一百四十磅的愤怒向这个平静的男人袭来。

Un attimo prima che le sue fauci si chiudessero, un colpo terribile lo colpì.

就在他咬紧牙尖之前，他遭受了一次可怕的打击。

I suoi denti si schioccarono insieme solo sull'aria

他的牙齿在空气中咬合

una scossa di dolore gli risuonò nel corpo

一阵剧痛传遍他的全身

Si capovolse a mezz'aria e cadde sulla schiena e su un fianco.

他在半空中翻转，然后背部和侧面着地。

Non aveva mai sentito prima un colpo di mazza e non riusciva a sostenerlo.

他以前从未感受过棍棒的打击，无法理解。

Con un ringhio acuto, in parte abbaio, in parte urlo, saltò di nuovo.

他发出一声尖锐的咆哮，一半是吠叫，一半是尖叫，然后再次跳跃。

Un altro colpo violento lo colpì e lo scaraventò a terra.

又一次残酷的打击击中了他，并将他摔倒在地。

Questa volta Buck capì: era la pesante clava dell'uomo.

这回巴克明白了——那是那人的沉重棍棒。

Ma la rabbia lo accecò e non pensò minimamente di ritirarsi.

但愤怒蒙蔽了他的双眼，他没有退缩的念头。

Dodici volte si lanciò e dodici volte cadde.

他跳伞十二次，坠落十二次。

La mazza di legno lo colpiva ogni volta con una forza spietata e schiacciante.

木棍每次都以无情、毁灭性的力量砸向他。

Dopo un colpo violento, si rialzò barcollando, stordito e lento.

猛烈的一击之后，他跟跄着站了起来，头晕目眩，行动迟缓。

Il sangue gli colava dalla bocca, dal naso e perfino dalle orecchie.

他的嘴里、鼻子里、甚至耳朵里都流着血。

Il suo mantello, un tempo bellissimo, era imbrattato di schiuma insanguinata.

他曾经美丽的外套上沾满了血迹斑斑的泡沫。

Poi l'uomo si fece avanti e gli sferrò un violento colpo al naso.

然后那人走上前去，狠狠地打了他的鼻子一拳。

L'agonia fu più acuta di qualsiasi cosa Buck avesse mai provato.

这种痛苦比巴克曾经感受过的任何痛苦都要剧烈。

Con un ruggito più da bestia che da cane, balzò di nuovo all'attacco.

他发出一声比狗更像野兽的吼叫，再次跳跃起来发起攻击。

Ma l'uomo gli afferrò la mascella inferiore e la torse all'indietro.

但那人抓住了他的下巴，并将其向后扭去。

Buck si girò a testa in giù e cadde di nuovo violentemente al suolo.

巴克翻了个身，再次重重地摔倒在地。

Un'ultima volta, Buck si lanciò verso di lui, ormai a malapena in grado di reggersi in piedi.

最后一次，巴克向他冲过来，现在他几乎站不起来。

L'uomo colpì con sapiente tempismo, sferrando il colpo finale.

该名男子精准把握时机，给予了最后一击。

Buck crollò a terra, privo di sensi e immobile.

巴克倒在地上，失去意识，一动不动。

"Non è uno stupido ad addestrare i cani, ecco cosa dico io", urlò un uomo.

"我说的是实话，他驯狗的技术真不错，"一名男子喊道。

"Druther può spezzare la volontà di un segugio in qualsiasi giorno della settimana."

"德鲁瑟可以在任何一天摧毁猎犬的意志。"

"E due volte di domenica!" aggiunse l'autista.

"而且是周日两次！"司机补充道。

Salì sul carro e tirò le redini per partire.

他爬上马车，拉紧缰绳准备离开。

Buck riprese lentamente il controllo della sua coscienza

巴克慢慢恢复了意识

ma il suo corpo era ancora troppo debole e rotto per muoversi.

但他的身体仍然虚弱无力，无法动弹。

Rimase lì dove era caduto, osservando l'uomo con il maglione rosso.

他躺在倒下的地方，看着那个穿红毛衣的男人。

"Risponde al nome di Buck", disse l'uomo, leggendo ad alta voce.

"他的名字叫巴克，"那人大声读道。

Citò la nota inviata con la cassa di Buck e i dettagli.

他引用了巴克的板条箱随附的便条和详细信息。

"Bene, Buck, ragazzo mio", continuò l'uomo con tono amichevole,

"好吧，巴克，我的孩子，"那人用友善的语气继续说道，

"Abbiamo avuto il nostro piccolo litigio, e ora tra noi è finita."

"我们刚刚吵了一架，现在一切都结束了。"

"Tu hai imparato qual è il tuo posto, e io ho imparato qual è il mio", ha aggiunto.

他补充道："你已经了解了自己的位置，我也了解了我的位置。"

"Sii buono e tutto andrà bene e la vita sarà piacevole."

"心存善念，万事如意，生活就会幸福美满。"

"Ma se sei cattivo, ti spaccherò a morte, capito?"

"但如果你要是表现不好，我就把你打得落花流水，明白吗？"

Mentre parlava, allungò la mano e accarezzò la testa dolorante di Buck.

他一边说着，一边伸手拍了拍巴克疼痛的头。

I capelli di Buck si rizzarono al tocco dell'uomo, ma lui non oppose resistenza.

男人一碰巴克，他的汗毛就竖了起来，但他没有反抗。

L'uomo gli portò dell'acqua e Buck la bevve a grandi sorsi.

那人给他拿来水，巴克大口大口地喝着。

Poi arrivò la carne cruda, che Buck divorò pezzo per pezzo.

接下来是生肉，巴克一块块地吃着。

Sapeva di essere stato sconfitto, ma sapeva anche di non essere distrutto.

他知道自己被打败了，但他也知道自己没有被打败。

Non aveva alcuna possibilità contro un uomo armato di manganello.

面对一个手持棍棒的人，他毫无抵抗能力。

Aveva imparato la verità e non dimenticò mai quella lezione.

他已经了解了真相，并且永远不会忘记这个教训。

Quell'arma segnò l'inizio della legge nel nuovo mondo di Buck.

那件武器是巴克新世界中法律的开端。

Fu l'inizio di un ordine duro e primitivo che non poteva negare.

这是他无法否认的严酷、原始秩序的开始。

Accettò la verità: i suoi istinti selvaggi erano ormai risvegliati.

他接受了事实；他的狂野本能现在已经苏醒。

Il mondo era diventato più duro, ma Buck lo affrontò coraggiosamente.

世界变得越来越残酷，但巴克勇敢地面对。

Affrontò la vita con una nuova cautela, astuzia e una forza silenziosa.

他以新的谨慎、狡猾和沉着的力量面对生活。

Arrivarono altri cani, legati con corde o gabbie, come era successo a Buck.

更多的狗来了，像巴克一样被绑在绳子或笼子里。

Alcuni cani procedevano con calma, altri si infuriavano e combattevano come bestie feroci.

有些狗很平静地过来，有些则像野兽一样愤怒地打斗。

Tutti loro furono sottoposti al dominio dell'uomo con il maglione rosso.

他们全都被置于红毛衣男人的统治之下。

Ogni volta Buck osservava e vedeva svolgersi la stessa lezione.

每次，巴克都会观察并看到同样的教训发生。

L'uomo con la clava era la legge: un padrone a cui obbedire.

手持棍棒的人就是法律；是必须服从的主人。

Non era necessario che gli piacesse, ma che gli si obbedisse.

他不需要被人喜欢，但他必须被人服从。

Buck non si è mai mostrato adulatore o scodinzolante come facevano i cani più deboli.

巴克从来不会像那些体弱的狗那样阿谀奉承或摇尾巴。

Vide dei cani che erano stati picchiati e che continuavano a leccare la mano dell'uomo.

他看到被打的狗仍然舔着那个男人的手。

Vide un cane che non obbediva né si sottometteva affatto.

他看到一只根本不听话、不顺从的狗。

Quel cane ha combattuto fino alla morte nella battaglia per il controllo.

那只狗在争夺控制权的战斗中一直战斗到被杀死。

A volte degli sconosciuti venivano a trovare l'uomo con il maglione rosso.

有时会有陌生人来看望这位穿红色毛衣的男人。

Parlavano con toni strani, supplicando, contrattando e ridendo.

他们用奇怪的语气说话、恳求、讨价还价、大笑。

Dopo aver scambiato i soldi, se ne andavano con uno o più cani.

换完钱后，他们就带着一只或多只狗离开。

Buck si chiese dove andassero questi cani, perché nessuno faceva mai ritorno.

巴克想知道这些狗去了哪里，因为它们都没有回来。

la paura dell'ignoto riempiva Buck ogni volta che un uomo sconosciuto si avvicinava

每当有陌生人来访时，巴克都会感到恐惧

era contento ogni volta che veniva preso un altro cane, al posto suo.

每次被带走的是另一只狗而不是自己，他都很高兴。

Ma alla fine arrivò il turno di Buck con l'arrivo di uno strano uomo.

但最终，随着一个陌生男人的到来，巴克的转机到来了。

Era piccolo, nervoso e parlava un inglese stentato e imprecava.

他身材矮小，体格健壮，说着蹩脚的英语，还带着咒骂。

"Sacredam!" urlò quando vide il corpo di Buck.

当他看到巴克的身影时，他大叫道："天哪！"

"Che cane maledetto e prepotente! Eh? Quanto costa?" chiese ad alta voce.

"这真是条恶霸狗！嗯？多少钱？"他大声问道。

"Trecento, ed è un regalo a quel prezzo",

"三百，这价钱他算是一份礼物了。"

"Dato che sono soldi del governo, non dovresti lamentarti, Perrault."

"既然这是政府的钱，你就不应该抱怨，佩罗。"

Perrault sorrise pensando all'accordo che aveva appena concluso con quell'uomo.

佩罗对他刚刚与那人达成的交易笑了笑。

Il prezzo dei cani è salito alle stelle a causa della domanda improvvisa.

由于需求突然增加，狗的价格也随之飙升。

Trecento dollari non erano ingiusti per una bestia così bella.

对于这样一头好野兽来说，三百美元并不算不公平。

Il governo canadese non perderebbe nulla dall'accordo

加拿大政府不会在交易中失去任何东西

Né i loro comunicati ufficiali avrebbero subito ritardi nel trasporto.

他们的官方公报也不会在运输途中延误。

Perrault conosceva bene i cani e capì che Buck era una rarità.

佩罗非常了解狗，他知道巴克是一种罕见的狗。

"Uno su dieci diecimila", pensò, mentre studiava la corporatura di Buck.

当他观察巴克的体型时，他想："万分之一。"

Buck vide il denaro cambiare di mano, ma non mostrò alcuna sorpresa.

巴克看到钱易手，但并不感到惊讶。

Poco dopo lui e Curly, un gentile Terranova, furono portati via.

很快，他和一只温顺的纽芬兰犬 卷毛 就被带走了。

Seguirono l'omino dal cortile della casa con il maglione rosso.

他们跟着小个子男人离开了穿红毛衣的院子。

Quella fu l'ultima volta che Buck vide l'uomo con la mazza di legno.

那是巴克最后一次见到这个拿着木棍的男人。

Dal ponte del Narwhal guardò Seattle svanire in lontananza.

从独角鲸号的甲板上，他看着西雅图渐渐消失在远方。

Fu anche l'ultima volta che vide le calde terre del Sud.

这也是他最后一次看到温暖的南国。

Perrault li portò sottocoperta e li lasciò con François.

佩罗把他们带到甲板下，交给弗朗索瓦。

François era un gigante con la faccia nera e le mani ruvide e callose.

弗朗索瓦是一个黑脸巨人，双手粗糙，长满老茧。

Era un uomo dalla carnagione scura e dalla carnagione scura, un meticcio franco-canadese.

他皮肤黝黑，是法裔加拿大混血儿。

Per Buck, quegli uomini erano come non li aveva mai visti prima.

对于巴克来说，这些人是他从未见过的。

Nei giorni a venire avrebbe avuto modo di conoscere molti di questi uomini.

在未来的日子里，他会认识许多这样的人。

Non cominciò ad affezionarsi a loro, ma finì per rispettarli.

他并没有喜欢上他们，但却开始尊敬他们。

Erano giusti e saggi e non si lasciavano ingannare facilmente da nessun cane.

他们公正而聪明，不会轻易被任何狗愚弄。

Giudicavano i cani con calma e punivano solo quando meritavano.

他们冷静地评判狗，只对应得的惩罚进行处罚。

Sul ponte inferiore del Narwhal, Buck e Curly incontrarono due cani.

在独角鲸号的下层甲板上，巴克和卷毛遇到了两只狗。

Uno era un grosso cane bianco proveniente dalle lontane e gelide isole Spitzbergen.

其中一只来自遥远冰冷的斯匹茨卑尔根岛的大白狗。

In passato aveva navigato su una baleniera e si era unito a un gruppo di ricerca.

他曾经跟随一艘捕鲸船航行并加入一个调查小组。

Era amichevole, ma astuto, subdolo e subdolo.

他以一种狡猾、卑鄙和狡猾的方式表现出友好。

Al loro primo pasto, rubò un pezzo di carne dalla padella di Buck.

在他们第一次吃饭时，他从巴克的锅里偷了一块肉。

Buck saltò per punirlo, ma la frusta di François colpì per prima.

巴克跳起来想要惩罚他，但弗朗索瓦的鞭子先打了过来。

Il ladro bianco urlò e Buck reclamò l'osso rubato.

白人小偷大叫一声，巴克夺回了被偷的骨头。

Questa correttezza colpì Buck e François si guadagnò il suo rispetto.

这种公平给巴克留下了深刻的印象，弗朗索瓦也赢得了他的尊重。

L'altro cane non lo salutò e non volle nessuno in cambio.

另一只狗没有打招呼，也不希望得到任何回应。

Non rubava il cibo, né annusava con interesse i nuovi arrivati.

他没有偷食物，也没有对新来的人感兴趣地嗅嗅。

Questo cane era cupo e silenzioso, cupo e lento nei movimenti.

这只狗冷酷而安静，阴郁而行动迟缓。

Avvertì Curly di stargli lontano semplicemente lanciandole un'occhiata fulminante.

他只是怒视着 卷毛，警告她离她远点。

Il suo messaggio era chiaro: lasciatemi in pace o saranno guai.

他的意思很明确：别管我，否则会有麻烦。

Si chiamava Dave e non faceva quasi caso a ciò che lo circondava.

他叫戴夫，他几乎没有注意到周围的环境。

Dormiva spesso, mangiava tranquillamente e sbadigliava di tanto in tanto.

他经常睡觉，安静地吃饭，不时打哈欠。

La nave ronzava costantemente con il rumore dell'elica sottostante.

船底螺旋桨不停地轰鸣。

I giorni passarono senza grandi cambiamenti, ma il clima si fece più freddo.

日子一天天过去，天气没有什么变化，只是越来越冷了。

Buck se lo sentiva nelle ossa e notò che anche gli altri lo sentivano.

巴克能够深刻地感受到这一点，并且注意到其他人也同样如此。

Poi una mattina l'elica si fermò e tutto rimase immobile.

后来有一天早上，螺旋桨停了下来，一切都静止了。

Un'energia percorse la nave: qualcosa era cambiato.

一股能量席卷了整艘船；有些东西已经改变了。

François scese, li mise al guinzaglio e li portò su.

弗朗索瓦走下来，用皮带牵着它们，然后把它们带了上来。

Buck uscì e trovò il terreno morbido, bianco e freddo.

巴克走了出去，发现地面又软又白，而且很冷。

Lui fece un balzo indietro allarmato e sbuffò in preda alla confusione più totale.

他惊恐地跳了起来，困惑地哼了一声。

Una strana sostanza bianca cadeva dal cielo grigio.

奇怪的白色物体从灰色的天空中落下。

Si scosse, ma i fiocchi bianchi continuavano a cadergli addosso.

他摇了摇身子，但白色的雪花仍然落在他身上。

Annusò attentamente la sostanza bianca e ne leccò alcuni pezzetti ghiacciati.

他仔细地嗅了嗅那白色的东西，并舔了几块冰。

La polvere bruciò come il fuoco e poi svanì subito dalla sua lingua.

粉末像火一样燃烧，然后从他的舌头上消失了。

Buck ci riprovò, sconcertato dallo strano freddo che svaniva.

巴克又试了一次，他对奇怪消失的寒冷感到困惑。

Gli uomini intorno a lui risero e Buck si sentì in imbarazzo.

周围的人都笑了，巴克感到很尴尬。

Non sapeva perché, ma si vergognava della sua reazione.

他不知道为什么，但他对自己的反应感到羞愧。

Era la sua prima esperienza con la neve e la cosa lo confuse.

这是他第一次见到雪，他感到很困惑。

La legge del bastone e della zanna
棍棒与尖牙法则

Il primo giorno di Buck sulla spiaggia di Dyea è stato un terribile incubo.
巴克在戴亚海滩的第一天感觉就像一场可怕的噩梦。

Ogni ora portava con sé nuovi shock e cambiamenti inaspettati per Buck.
每一个小时都会给巴克带来新的震惊和意想不到的变化。

Era stato strappato alla civiltà e gettato nel caos più totale.
他被从文明社会中拉出来，陷入了混乱之中。

Questa non era una vita soleggiata e pigra, fatta di noia e riposo.
这不是一种阳光、懒散、无聊和休息的生活。

Non c'era pace, né riposo, né momento senza pericolo.
没有和平，没有休息，也没有一刻不发生危险。

La confusione regnava su tutto e il pericolo era sempre vicino.
混乱笼罩着一切，危险近在咫尺。

Buck doveva stare attento perché quegli uomini e quei cani erano diversi.
巴克必须保持警惕，因为这些人和狗都不一样。

Non provenivano da città; erano selvaggi e spietati.
他们并非来自城镇；他们野蛮且无情。

Questi uomini e questi cani conoscevano solo la legge del bastone e della zanna.
这些人和狗只知道棍棒和尖牙的法则。

Buck non aveva mai visto dei cani combattere come questi feroci husky.
巴克从未见过像这些凶猛的哈士奇一样打架的狗。

La sua prima esperienza gli insegnò una lezione che non avrebbe mai dimenticato.
他的第一次经历给了他一个永生难忘的教训。

Fu una fortuna che non fosse lui, altrimenti sarebbe morto anche lui.

幸亏不是他，不然他也会死。

Curly era quello che soffriva, mentre Buck osservava e imparava.

当巴克观察并学习时，卷毛却遭受着痛苦。

Si erano accampati vicino a un deposito costruito con tronchi.

他们在一座用原木搭建的商店附近扎营。

Curly cercò di essere amichevole con un grosso husky simile a un lupo.

卷毛（卷毛）
试图对一只体型巨大、像狼一样的哈士奇表现友好。

L'husky era più piccolo di Curly, ma aveva un aspetto selvaggio e cattivo.

这只哈士奇比 卷毛 小，但看上去狂野而凶猛。

Senza preavviso, lui saltò su e le tagliò il viso.

他毫无预兆地跳起来，划破了她的脸。

Con un solo movimento i suoi denti le tagliarono l'occhio fino alla mascella.

他的牙齿一下子从她的眼睛咬到了下巴。

Ecco come combattevano i lupi: colpivano velocemente e saltavano via.

这就是狼的战斗方式——快速攻击，然后跳开。

Ma c'era molto di più da imparare da quell'unico attacco.

但值得我们学习的东西远不止那次袭击。

Decine di husky si precipitarono dentro e formarono un cerchio silenzioso.

几十只哈士奇冲了进来，默默地围成一圈。

Osservavano attentamente e si leccavano le labbra per la fame.

他们仔细地观察着，饥渴地舔着嘴唇。

Buck non capiva il loro silenzio né i loro occhi ansiosi.

巴克不明白他们的沉默和热切的眼神。

Curly si lanciò ad attaccare l'husky una seconda volta.

卷毛第二次冲向哈士奇发起攻击。

Usò il suo petto per buttarla a terra con un movimento violento.

他用胸部用力一击将她撞倒。

Cadde su un fianco e non riuscì più a rialzarsi.

她倒在地上，无法再站起来。

Era proprio quello che gli altri aspettavano da tempo.

这正是其他人一直在等待的。

Gli husky le saltarono addosso, guaindo e ringhiando freneticamente.

哈士奇们跳到她身上，疯狂地尖叫和咆哮。

Lei urlò mentre la seppellivano sotto una pila di cani.

当他们把她埋在一堆狗下面时，她尖叫起来。

L'attacco fu così rapido che Buck rimase immobile per lo shock.

攻击速度太快了，巴克吓得呆在原地。

Vide Spitz tirare fuori la lingua in un modo che sembrava una risata.

他看到斯皮茨伸出舌头，看起来像是在笑。

François afferrò un'ascia e corse dritto verso il gruppo di cani.

弗朗索瓦抓起一把斧头，径直冲进狗群。

Altri tre uomini hanno usato dei manganelli per allontanare gli husky.

另外三名男子用棍棒帮忙把哈士奇赶走。

In soli due minuti la lotta finì e i cani se ne andarono.

仅仅两分钟，战斗就结束了，狗也消失了。

Curly giaceva morta nella neve rossa calpestata, con il corpo fatto a pezzi.

科莉死在了被踩踏的红色雪地里，她的身体被撕裂了。

Un uomo dalla pelle scura era in piedi davanti a lei, maledicendo la scena brutale.

一个皮肤黝黑的男人站在她面前，咒骂着这残酷的场面。

Il ricordo rimase con Buck e ossessionò i suoi sogni notturni.

这段记忆一直留在巴克的心里，并让他夜里梦到这些事情。

Ecco come funzionava: niente equità, niente seconda possibilità.

这就是这里的现状；没有公平，没有第二次机会。

Una volta caduto un cane, gli altri lo uccidevano senza pietà.

一旦有一只狗倒下，其他狗就会毫不留情地杀死它。

Buck decise allora che non si sarebbe mai lasciato cadere.

巴克当时就决定，他决不允许自己跌倒。

Spitz tirò fuori di nuovo la lingua e rise guardando il sangue.

斯皮茨再次吐出舌头，对着鲜血大笑。

Da quel momento in poi, Buck odiò Spitz con tutto il cuore.

从那一刻起，巴克就打心底里恨起了斯皮茨。

Prima che Buck potesse riprendersi dalla morte di Curly, accadde qualcosa di nuovo.

巴克还没来得及从卷毛的死中恢复过来，新的事情又发生了。

François si avvicinò e legò qualcosa attorno al corpo di Buck.

弗朗索瓦走了过来，用某样东西绑住了巴克的身体。

Era un'imbracatura simile a quelle usate per i cavalli al ranch.

这是一种类似于牧场上马匹所用的马具。

Così come Buck aveva visto lavorare i cavalli, ora era costretto a lavorare anche lui.

巴克曾经见过马匹工作，现在他也必须工作。

Dovette trascinare François su una slitta nella foresta vicina.

他必须用雪橇把弗朗索瓦拉进附近的森林。

Poi dovette trascinare indietro un pesante carico di legna da ardere.

然后他又得拉回一担沉沉的柴火。

Buck era orgoglioso e gli faceva male essere trattato come un animale da lavoro.

巴克很骄傲，所以被当作工作动物对待让他很伤心。

Ma era saggio e non cercò di combattere la nuova situazione.

但他很明智，并没有试图对抗新的情况。

Accettò la sua nuova vita e diede il massimo in ogni compito.

他接受了新的生活，并在每项任务中尽最大努力。

Tutto di quel lavoro gli risultava strano e sconosciuto.

工作的一切对他来说都是陌生的、不熟悉的。

François era severo e pretendeva obbedienza senza indugio.

弗朗索瓦非常严格，要求下属毫不拖延地服从。

La sua frusta garantiva che ogni comando venisse eseguito immediatamente.

他的鞭子确保每条命令都立即得到执行。

Dave era il timoniere, il cane più vicino alla slitta dietro Buck.

戴夫是推车手，是巴克后面距离雪橇最近的狗。

Se commetteva un errore, Dave mordeva Buck sulle zampe posteriori.

如果巴克犯了错误，戴夫就会咬巴克的后腿。

Spitz era il cane guida, abile ed esperto nel ruolo.

斯皮茨是领头犬，技术娴熟，经验丰富。

Spitz non riusciva a raggiungere Buck facilmente, ma lo corresse comunque.

斯皮茨无法轻易接近巴克，但仍然纠正了他。

Ringhiava aspramente o tirava la slitta in modi che insegnavano a Buck.

他严厉地咆哮着，或者用教导巴克的方式拉雪橇。

Grazie a questo addestramento, Buck imparò più velocemente di quanto tutti si aspettassero.

在这样的训练下，巴克的学习速度比他们任何人预想的都要快。

Lavorò duramente e imparò sia da François che dagli altri cani.

他努力工作并向弗朗索瓦和其他狗学习。

Quando tornarono, Buck conosceva già i comandi chiave.

当他们回来时，巴克已经知道了关键的命令。

Imparò a fermarsi al suono della parola "oh" di François.
他从弗朗索瓦那里学会了听到"ho"的声音就停下来。

Imparò quando era il momento di tirare la slitta e correre.
他学会了何时拉着雪橇奔跑。

Imparò a svoltare senza problemi nelle curve del sentiero.
他学会了在小路的弯道处轻松转弯。

Imparò anche a evitare Dave quando la slitta scendeva velocemente.
他还学会了当雪橇快速下坡时避开戴夫。

"Sono cani molto buoni", disse orgoglioso François a Perrault.
"它们是非常好的狗，"弗朗索瓦自豪地告诉佩罗。

"Quel Buck tira come un dannato, glielo insegno subito."
"那只巴克拉东西非常厉害——
我教他速度非常快。"

Più tardi quel giorno, Perrault tornò con altri due husky.
当天晚些时候，佩罗又带着两只哈士奇犬回来了。

Si chiamavano Billee e Joe ed erano fratelli.
他们的名字是比利（Billee）和乔
（Joe），他们是兄弟。

Provenivano dalla stessa madre, ma non erano affatto simili.
他们虽然出自同一个母亲，但却完全不同。

Billee era un tipo dolce e molto amichevole con tutti.
Billee 性格温和，对每个人都很友好。

Joe era l'opposto: silenzioso, arrabbiato e sempre ringhiante.
乔则相反——安静、易怒，而且总是咆哮。

Buck li salutò amichevolmente e si mantenne calmo con entrambi.
巴克以友好的方式向他们打招呼，并且对两人都很平静。

Dave non prestò loro attenzione e rimase in silenzio come al solito.

戴夫没有理会他们，像往常一样保持沉默。

Spitz attaccò prima Billee, poi Joe, per dimostrare la sua superiorità.

斯皮茨首先攻击比利，然后是乔，以显示他的统治地位。

Billee scodinzolava e cercava di essere amichevole con Spitz.

比利摇着尾巴，试图对斯皮茨表现得友好。

Quando questo non funzionò, cercò di scappare.

当此举无效时，他便试图逃跑。

Pianse tristemente quando Spitz lo morse forte sul fianco.

当斯皮茨用力咬他的侧面时，他伤心地哭了。

Ma Joe era molto diverso e si rifiutava di farsi prendere in giro.

但乔却截然不同，他拒绝被欺负。

Ogni volta che Spitz si avvicinava, Joe si girava velocemente per affrontarlo.

每次斯皮茨靠近，乔就会快速转身面对他。

La sua pelliccia si drizzò, le sue labbra si arricciarono e i suoi denti schioccarono selvaggiamente.

他的毛发竖了起来，嘴唇卷曲，牙齿疯狂地咬着。

Gli occhi di Joe brillavano di paura e rabbia, sfidando Spitz a colpire.

乔的眼里闪烁着恐惧和愤怒，挑衅斯皮茨并发起攻击。

Spitz abbandonò la lotta e si voltò, umiliato e arrabbiato.

斯皮茨放弃了反抗，转身离开，感到羞辱和愤怒。

Sfogò la sua frustrazione sul povero Billee e lo cacciò via.

他把自己的沮丧发泄在可怜的比利身上，并把他赶走了。

Quella sera Perrault aggiunse un altro cane alla squadra.

那天晚上，佩罗的队伍里又增加了一只狗。

Questo cane era vecchio, magro e coperto di cicatrici di battaglia.

这只狗又老又瘦，浑身都是战争留下的伤疤。

Gli mancava un occhio, ma l'altro brillava di potere.

他的一只眼睛不见了，但另一只眼睛却闪烁着力量。

Il nome del nuovo cane era Solleks, che significa "l'Arrabbiato".

这只新狗的名字叫 Solleks，意思是"愤怒的人"。

Come Dave, Solleks non chiedeva nulla agli altri e non dava nulla in cambio.

和戴夫一样，索莱克斯不向别人索取任何东西，也不给予任何回报。

Quando Solleks entrò lentamente nell'accampamento, persino Spitz rimase lontano.

当索莱克斯慢慢走进营地时，就连斯皮茨也躲开了。

Aveva una strana abitudine che Buck ebbe la sfortuna di scoprire.

他有一个奇怪的习惯，巴克很不幸地发现了这一点。

Solleks detestava essere avvicinato dal lato in cui era cieco.

索莱克斯讨厌别人从他看不见的地方接近他。

Buck non lo sapeva e commise quell'errore per sbaglio.

巴克不知道这一点，所以无意中犯了这个错误。

Solleks si voltò di scatto e colpì la spalla di Buck in modo profondo e rapido.

索莱克斯旋转身子，迅速而深地砍向巴克的肩膀。

Da quel momento in poi, Buck non si avvicinò mai più al lato cieco di Solleks.

从那一刻起，巴克再也没有靠近索莱克斯的盲区。

Non ebbero mai più problemi per il resto del tempo che trascorsero insieme.

在他们在一起的剩余时间里，他们再也没有遇到过麻烦。

Solleks voleva solo essere lasciato solo, come il tranquillo Dave.

索莱克斯只想独处，就像安静的戴夫一样。

Ma Buck avrebbe scoperto in seguito che ognuno di loro aveva un altro obiettivo segreto.

但巴克后来得知，他们各自都有另一个秘密目标。

Quella notte Buck si trovò ad affrontare una nuova e preoccupante sfida: come dormire.

那天晚上，巴克面临着一个新的、令人困扰的挑战——如何入睡。

La tenda era illuminata caldamente dalla luce delle candele nel campo innevato.

雪原上的帐篷在烛光的照耀下显得温暖。

Buck entrò, pensando che lì avrebbe potuto riposare come prima.

巴克走了进去，心想他可以像以前一样在那里休息。

Ma Perrault e François gli urlarono contro e gli tirarono delle padelle.

但佩罗和弗朗索瓦对他大喊大叫，并扔平底锅。

Sconvolto e confuso, Buck corse fuori nel freddo gelido.

巴克感到震惊和困惑，便跑进了严寒之中。

Un vento gelido gli pungeva la spalla ferita e gli congelava le zampe.

凛冽的寒风刺痛了他受伤的肩膀，冻僵了他的爪子。

Si sdraiò sulla neve e cercò di dormire all'aperto.

他躺在雪地里，试图在户外睡觉。

Ma il freddo lo costrinse presto a rialzarsi, tremando forte.

但寒冷很快迫使他站起来，浑身颤抖。

Vagò per l'accampamento, cercando di trovare un posto più caldo.

他在营地里徘徊，试图找到一个更温暖的地方。

Ma ogni angolo era freddo come quello precedente.

但每个角落都和之前一样冷。

A volte dei cani feroci gli saltavano addosso dall'oscurità.

有时，凶猛的狗会从黑暗中向他扑来。

Buck drizzò il pelo, scoprì i denti e ringhiò in tono ammonitore.

巴克竖起身上的毛，露出牙齿，发出警告性的咆哮声。

Lui stava imparando in fretta e gli altri cani si sono subito tirati indietro.

他学得很快，其他狗也很快就退缩了。

Tuttavia, non aveva un posto dove dormire e non aveva idea di cosa fare.

但他没有地方睡觉，也不知道该怎么办。

Alla fine gli venne in mente un pensiero: andare a dare un'occhiata ai suoi compagni di squadra.

最后，他想到了一个主意——去看看他的队友。

Ritornò nella loro zona e rimase sorpreso nel constatare che non c'erano più.

他回到他们所在的地方，惊讶地发现他们已经不见了。

Cercò di nuovo nell'accampamento, ma ancora non riuscì a trovarli.

他再次搜寻营地，但仍然没有找到他们。

Sapeva che loro non potevano stare nella tenda, altrimenti ci sarebbe stato anche lui.

他知道他们不能在帐篷里，否则他也会进去。

E allora, dove erano finiti tutti i cani in quell'accampamento ghiacciato?

那么，这个冰冻营地里的狗都到哪里去了呢？

Buck, infreddolito e infelice, girò lentamente intorno alla tenda.

巴克感到寒冷和痛苦，他慢慢地绕着帐篷转了一圈。

All'improvviso, le sue zampe anteriori sprofondarono nella neve soffice e lo spaventarono.

突然，他的前腿陷入了柔软的雪中，把他吓了一跳。

Qualcosa si mosse sotto i suoi piedi e lui fece un salto indietro per la paura.

有什么东西在他脚下蠕动，他吓得往后跳了一步。

Ringhiava e ringhiava, non sapendo cosa si nascondesse sotto la neve.

他咆哮着，不知道雪下有什么。

Poi udì un piccolo abbaio amichevole che placò la sua paura.

然后他听到一声友好的小吠声，减轻了他的恐惧。

Annusò l'aria e si avvicinò per vedere cosa fosse nascosto.

他嗅了嗅空气，走近去看隐藏着什么。

Sotto la neve, rannicchiata in una calda palla, c'era la piccola Billee.

在雪下，小比莉蜷缩成一个温暖的球。

Billee scodinzolò e leccò il muso di Buck per salutarlo.

比利摇着尾巴，舔着巴克的脸来向他打招呼。

Buck vide come Billee si era costruito un posto per dormire nella neve.

巴克看到比莉在雪地里挖了一个睡觉的地方。

Aveva scavato e sfruttato il suo calore per scaldarsi.

他挖了个洞，用自己的热量来取暖。

Buck aveva imparato un'altra lezione: ecco come dormivano i cani.

巴克又学到了另一个教训——这就是狗的睡觉方式。

Scelse un posto e cominciò a scavare la sua buca nella neve.

他选了一个地方并开始在雪地里挖洞。

All'inizio si muoveva troppo e sprecava energie.

一开始，他走动太多，浪费了精力。

Ma ben presto il suo corpo riscaldò lo spazio e si sentì al sicuro.

但很快他的身体就温暖了起来，他感到安全了。

Si rannicchiò forte e poco dopo si addormentò profondamente.

他紧紧地蜷缩着身子，不久就睡着了。

La giornata era stata lunga e dura e Buck era esausto.

这一天漫长而艰难，巴克已经筋疲力尽了。

Dormì profondamente e comodamente, anche se fece sogni selvaggi.

尽管他的梦很狂野，但他睡得很沉很舒服。

Ringhiava e abbaiava nel sonno, contorcendosi mentre sognava.

他在睡梦中咆哮、吠叫，在梦中扭动身体。

Buck non si svegliò finché l'accampamento non cominciò a prendere vita.

直到营地开始热闹起来，巴克才醒来。

All'inizio non sapeva dove si trovasse o cosa fosse successo.

起初，他不知道自己在哪里，也不知道发生了什么事。

La neve era caduta durante la notte e aveva seppellito completamente il suo corpo.

一夜之间，大雪降临，将他的尸体彻底掩埋。

La neve lo circondava, fitta su tutti i lati.

雪紧紧地包围着他。

All'improvviso un'ondata di paura percorse tutto il corpo di Buck.

突然间，一股恐惧感涌遍巴克全身。

Era la paura di rimanere intrappolati, una paura che proveniva da istinti profondi.

这是一种被困住的恐惧，一种发自内心的本能的恐惧。

Sebbene non avesse mai visto una trappola, la paura era viva dentro di lui.

尽管他从未见过陷阱，但恐惧却一直萦绕在他的心头。

Era un cane addomesticato, ma ora i suoi vecchi istinti selvaggi si stavano risvegliando.

他曾经是一只温顺的狗，但是现在他昔日的野性本能正在苏醒。

I muscoli di Buck si irrigidirono e il pelo gli si rizzò su tutta la schiena.

巴克的肌肉绷紧了，背上的毛都竖了起来。

Ringhiò furiosamente e balzò in piedi nella neve.

他凶狠地咆哮一声，直接从雪地里跳了起来。

La neve volava in ogni direzione mentre lui irrompeva nella luce del giorno.

当他冲进阳光下时，雪花四处飞扬。

Ancora prima di atterrare, Buck vide l'accampamento disteso davanti a lui.

甚至在着陆之前，巴克就看到营地在他面前展开。

Ricordò tutto del giorno prima, tutto in una volta.

他一下子想起了前一天发生的一切。

Ricordava di aver passeggiato con Manuel e di essere finito in quel posto.

他记得和曼努埃尔一起散步，最后来到这个地方。

Ricordava di aver scavato la buca e di essersi addormentato al freddo.

他记得自己挖了个洞，然后在寒冷中睡着了。

Ora era sveglio e il mondo selvaggio intorno a lui era limpido.

现在他醒了，周围的荒野世界变得清晰起来。

Un grido di François annunciò l'improvvisa apparizione di Buck.

弗朗索瓦大声喊叫，欢迎巴克的突然出现。

"Cosa ho detto?" gridò a gran voce il conducente del cane a Perrault.

"我说了什么？"狗司机大声向佩罗喊道。

"Quel Buck impara sicuramente in fretta", ha aggiunto François.

"巴克学东西的速度确实很快，"弗朗索瓦补充道。

Perrault annuì gravemente, visibilmente soddisfatto del risultato.

佩罗严肃地点了点头，显然对结果很满意。

In qualità di corriere del governo canadese, trasportava dispacci.

作为加拿大政府的一名信使，他负责递送急件。

Era ansioso di trovare i cani migliori per la sua importante missione.

他渴望找到最适合他重要使命的狗。

Ora si sentiva particolarmente contento che Buck facesse parte della squadra.

现在巴克已经成为团队的一员，他感到特别高兴。

Nel giro di un'ora, alla squadra furono aggiunti altri tre husky.

不到一个小时，队伍里又增加了三只哈士奇。

Ciò ha portato il numero totale dei cani della squadra a nove.

这样，队伍里的狗总数就达到了九只。

Nel giro di quindici minuti tutti i cani erano imbracati.

十五分钟之内，所有的狗都套上了挽具。

La squadra di slitte stava risalendo il sentiero verso Dyea Cañon.

雪橇队正沿着小路向戴亚峡谷（Dyea Cañon）驶去。

Buck era contento di andarsene, anche se il lavoro che lo attendeva era duro.

尽管前面的工作很艰辛，但巴克还是很高兴能够离开。

Scoprì di non disprezzare particolarmente né il lavoro né il freddo.

他发现自己并不特别厌恶劳动或寒冷。

Fu sorpreso dall'entusiasmo che pervadeva tutta la squadra.

他对整个团队所展现出的热情感到惊讶。

Ancora più sorprendente fu il cambiamento avvenuto in Dave e Solleks.

更令人惊讶的是戴夫和索莱克斯身上发生的变化。

Questi due cani erano completamente diversi quando venivano imbrigliati.

这两只狗戴上挽具后的样子截然不同。

La loro passività e la loro disattenzione erano completamente scomparse.

他们的被动和漠不关心已经完全消失了。

Erano attenti e attivi, desiderosi di svolgere bene il loro lavoro.

他们精神矍铄、积极主动，渴望做好自己的工作。

Si irritavano ferocemente per qualsiasi cosa provocasse ritardi o confusione.

任何导致延误或混乱的事情都会让他们非常恼火。

Il duro lavoro sulle redini era il centro del loro intero essere.

辛苦驾驭缰绳是他们全部精力的中心。

Sembrava che l'unica cosa che gli piacesse davvero fosse tirare la slitta.

拉雪橇似乎是他们唯一真正喜欢的事情。

Dave era in fondo al gruppo, il più vicino alla slitta.

戴夫位于队伍的最后面，距离雪橇最近。

Buck fu messo davanti a Dave e Solleks superò Buck.

巴克被安排在戴夫前面，而索莱克斯则领先于巴克。

Il resto dei cani era disposto in fila indiana davanti a loro.

其余的狗则排成一列纵队走在前面。

La posizione di testa in prima linea era occupata da Spitz.

最前面的领先位置由施皮茨占据。

Buck era stato messo tra Dave e Solleks per essere istruito.

巴克被安排在戴夫和索莱克斯之间接受指导。

Lui imparava in fretta e gli insegnanti erano risoluti e capaci.

他学东西很快，他们是坚定而能干的老师。

Non permisero mai a Buck di restare a lungo nell'errore.

他们从不允许巴克长时间犯错。

Quando necessario, impartivano le lezioni con denti affilati.

必要时，他们会用尖锐的言辞传授知识。

Dave era giusto e dimostrava una saggezza pacata e seria.

戴夫很公平，并且表现出一种安静、严肃的智慧。

Non mordeva mai Buck senza una buona ragione.

他从来不会无缘无故地咬巴克。

Ma non mancava mai di mordere quando Buck aveva bisogno di essere corretto.

但当巴克需要纠正时，他总是会咬巴克。

La frusta di François era sempre pronta e sosteneva la loro autorità.

弗朗索瓦的鞭子随时准备着，以支持他们的权威。

Buck scoprì presto che era meglio obbedire che reagire.

巴克很快发现服从比反击更好。

Una volta, durante un breve riposo, Buck rimase impigliato nelle redini.

有一次，在短暂的休息期间，巴克被缰绳缠住了。

Ritardò la partenza e confuse i movimenti della squadra.

他推迟了比赛的开始，扰乱了球队的行动。

Dave e Solleks si avventarono su di lui e lo picchiarono duramente.

戴夫和索莱克斯向他扑去，狠狠地揍了他一顿。

La situazione peggiorò ulteriormente, ma Buck imparò bene la lezione.

纠缠变得越来越严重，但巴克很好地吸取了教训。

Da quel momento in poi tenne le redini tese e lavorò con attenzione.

从此以后，他严守纪律，认真工作。

Prima che la giornata finisse, Buck aveva portato a termine gran parte del suo compito.

在这一天结束之前，巴克已经完成了大部分任务。

I suoi compagni di squadra quasi smisero di correggerlo o di morderlo.

他的队友几乎不再纠正他或咬他。

La frusta di François schioccava nell'aria sempre meno spesso.

弗朗索瓦的鞭子在空中划过的声音越来越小。

Perrault sollevò addirittura i piedi di Buck ed esaminò attentamente ogni zampa.

佩罗甚至抬起巴克的脚，仔细检查每只爪子。

Era stata una giornata di corsa dura, lunga ed estenuante per tutti loro.

对于他们所有人来说，这是艰苦的一天，漫长而疲惫
。

Risalirono il Cañon, attraversarono Sheep Camp e superarono le Scales.

他们沿着峡谷向上行进，穿过羊营（Sheep Camp），经过斯凯尔斯（Scales）。

Superarono il limite della vegetazione arborea, poi ghiacciai e cumuli di neve alti diversi metri.

他们越过林木线，然后穿过数英尺深的冰川和雪堆。

Scalarono il grande e freddo Chilkoot Divide.

他们翻越了极其寒冷和险峻的奇尔库特分水岭。

Quella cresta elevata si ergeva tra l'acqua salata e l'interno ghiacciato.

那道高高的山脊矗立在咸水和冰冻的内陆之间。

Le montagne custodivano il triste e solitario Nord con ghiaccio e ripide salite.

群山以冰雪和陡峭的山坡守护着悲伤而孤独的北方。

Scesero rapidamente lungo una lunga catena di laghi sotto la dorsale.

他们顺利地穿过了分水岭下方的一长串湖泊。

Questi laghi riempivano gli antichi crateri di vulcani spenti.

这些湖泊填满了古老的死火山口。

Quella notte tardi raggiunsero un grande accampamento presso il lago Bennett.

那天深夜，他们到达了班尼特湖的一个大营地。

Migliaia di cercatori d'oro erano lì, intenti a costruire barche per la primavera.

数以千计的淘金者在那里建造船只，以备春天之用。

Il ghiaccio si sarebbe presto rotto e dovevano essere pronti.

冰很快就要破裂了，他们必须做好准备。

Buck scavò la sua buca nella neve e cadde in un sonno profondo.

巴克在雪地里挖了一个洞，然后沉沉地睡去。

Dormiva come un lavoratore, esausto dopo una dura giornata di lavoro.

他像一个工作的人一样睡着了，因为辛苦劳作了一天而精疲力尽。

Ma venne strappato al sonno troppo presto, nell'oscurità.

但在天黑得太早的时候，他就被从睡梦中惊醒了。

Fu nuovamente imbrigliato insieme ai suoi compagni e attaccato alla slitta.

他再次与伙伴们套上挽具并系在雪橇上。

Quel giorno percorsero quaranta miglia, perché la neve era ben calpestata.

那天他们走了四十英里，因为雪被踩得很深。

Il giorno dopo, e per molti giorni a seguire, la neve era soffice.

第二天以及之后的许多天，雪都很软。

Dovettero farsi strada da soli, lavorando di più e muovendosi più lentamente.

他们必须自己开辟道路，工作更加努力，但进展却更慢。

Di solito, Perrault camminava davanti alla squadra con le ciaspole palmate.

通常，佩罗会穿着带蹼的雪鞋走在队伍前面。

I suoi passi compattavano la neve, facilitando lo spostamento della slitta.

他的脚步踩实了雪地，使雪橇更容易移动。

François, che era al timone della barca a vela, a volte prendeva il comando.

弗朗索瓦有时会利用船舵杆掌舵。

Ma era raro che François prendesse l'iniziativa

但弗朗索瓦很少带头

perché Perrault aveva fretta di consegnare le lettere e i pacchi.

因为佩罗急着递送信件和包裹。

Perrault era orgoglioso della sua conoscenza della neve, e in particolare del ghiaccio.

佩罗对自己对雪，特别是冰的了解感到自豪。

Questa conoscenza era essenziale perché il ghiaccio autunnale era pericolosamente sottile.

这些知识至关重要，因为秋季冰层非常薄，非常危险。

Dove l'acqua scorreva rapidamente sotto la superficie non c'era affatto ghiaccio.

在水面下快速流动的地方，根本没有冰。

Giorno dopo giorno, la stessa routine si ripeteva senza fine.

日复一日，同样的例行公事无休止地重复着。

Buck lavorava senza sosta con le redini, dall'alba alla sera.

巴克从黎明到夜晚不停地操练缰绳。

Lasciarono l'accampamento al buio, molto prima che sorgesse il sole.

他们在天黑时离开了营地，那时太阳还未升起。

Quando spuntò l'alba, avevano già percorso molti chilometri.

天亮的时候，他们已经走了好几英里了。

Si accamparono dopo il tramonto, mangiando pesce e scavando buche nella neve.

天黑后他们扎营，吃鱼，在雪地里挖洞。

Buck era sempre affamato e non era mai veramente soddisfatto della sua razione.

巴克总是感到饥饿，并且从来都没有真正对他的食物感到满足。

Riceveva ogni giorno mezzo chilo di salmone essiccato.

他每天能收到一磅半的干鲑鱼。

Ma il cibo sembrò svanire dentro di lui, lasciandogli solo la fame.

但食物似乎在他体内消失了，只剩下饥饿感。

Soffriva di continui morsi della fame e sognava di avere più cibo.

他经常感到饥饿，梦想着能有更多的食物。

Gli altri cani hanno ricevuto solo mezzo chilo di cibo, ma sono rimasti forti.

其他狗只得到了一磅食物，但它们仍然坚强。

Erano più piccoli ed erano nati in una società nordica.

它们体型较小，出生在北方。

Perse rapidamente la pignoleria che aveva caratterizzato la sua vecchia vita.

他很快就不再像以前那样一丝不苟。

Fino a quel momento era stato un mangiatore prelibato, ma ora non gli era più possibile.

他以前是个很讲究饮食的人，但是现在不再可能了。

I suoi compagni arrivarono primi e gli rubarono la razione rimasta.

他的同伴们先吃完了，并抢走了他未吃完的口粮。

Una volta cominciati, non c'era più modo di difendere il cibo da loro.

一旦它们开始攻击他，他就没有任何办法可以保护自己的食物了。

Mentre lui lottava contro due o tre cani, gli altri rubarono il resto.

当他击退两三只狗时，其余的狗就被其他狗偷走了。

Per risolvere il problema, cominciò a mangiare velocemente come mangiavano gli altri.

为了解决这个问题，他开始和其他人一样快地吃饭。

La fame lo spingeva così forte che arrivò persino a prendere del cibo non suo.

饥饿使他难以忍受，他甚至吃掉不是自己的食物。

Osservò gli altri e imparò rapidamente dalle loro azioni.

他观察其他人并很快从他们的行为中学习。

Vide Pike, un nuovo cane, rubare una fetta di pancetta a Perrault.

他看到一只新狗派克从佩罗那里偷了一片培根。

Pike aveva aspettato che Perrault gli voltasse le spalle per rubare la pagnotta.

派克一直等到佩罗转过身去偷培根。

Il giorno dopo, Buck copiò Pike e rubò l'intero pezzo.

第二天，巴克模仿派克，偷走了整块石头。

Seguì un gran tumulto, ma Buck non fu sospettato.

随后发生了一场大骚动，但巴克并没有受到怀疑。

Al suo posto venne punito Dub, un cane goffo che veniva sempre beccato.

笨手笨脚的狗杜布总是被抓住，因此受到了惩罚。

Quel primo furto fece di Buck un cane adatto a sopravvivere al Nord.

第一次偷窃事件标志着巴克是一只适合在北方生存的狗。

Ha dimostrato di sapersi adattare alle nuove condizioni e di saper imparare rapidamente.

他表现出他能够适应新环境并快速学习。

Senza tale adattabilità, sarebbe morto rapidamente e gravemente.

如果没有这样的适应能力，他就会死得又快又惨。

Segnò anche il crollo della sua natura morale e dei suoi valori passati.

这也标志着他的道德本质和过去价值观的崩溃。

Nel Southland aveva vissuto secondo la legge dell'amore e della gentilezza.

在南国，他生活在充满爱与仁慈的法律之下。

Lì aveva senso rispettare la proprietà e i sentimenti degli altri cani.

在那里，尊重财产和其他狗的感受是有道理的。

Ma i Northland seguivano la legge del bastone e la legge della zanna.

但北国遵循的是棍棒法则和尖牙法则。

Chiunque rispettasse i vecchi valori era uno sciocco e avrebbe fallito.

任何尊重这里旧价值观的人都是愚蠢的，都会失败。

Buck non rifletté su tutto questo nella sua mente.

巴克心里并没有想清楚这一切。

Era in forma e quindi si adattò senza pensarci due volte.

他身体很健康，所以不用思考就能调整。

In tutta la sua vita non era mai fuggito da una rissa.

他一生中从未逃避过战斗。

Ma la mazza di legno dell'uomo con il maglione rosso cambiò la regola.

但穿红毛衣的男人的木棍改变了这个规则。

Ora seguiva un codice più profondo e antico, inscritto nel suo essere.

现在，他遵循着刻在他心中的更深层、更古老的准则。

Non rubava per piacere, ma per il dolore della fame.

他偷窃并非出于享乐，而是因为饥饿的痛苦。

Non rubava mai apertamente, ma rubava con astuzia e attenzione.

他从不公开抢劫，而是狡猾而谨慎地偷窃。

Agì per rispetto verso la clava di legno e per paura delle zanne.

他的行为是出于对木棍的尊重和对毒牙的恐惧。

In breve, ha fatto ciò che era più facile e sicuro che non farlo.

简而言之，他做的比不做的更容易、更安全。

Il suo sviluppo, o forse il suo ritorno ai vecchi istinti, fu rapido.

他的成长——或者说他恢复旧有本能——非常快。

I suoi muscoli si indurirono fino a diventare forti come il ferro.

他的肌肉变得越来越结实，直到感觉像铁一样坚硬。

Non gli importava più del dolore, a meno che non fosse grave.

他不再关心疼痛，除非疼痛很严重。

Divenne efficiente dentro e fuori, senza sprecare nulla.

他从内到外都变得高效，没有任何浪费。

Poteva mangiare cose disgustose, marce o difficili da digerire.

他可以吃恶心、腐烂或难以消化的东西。

Qualunque cosa mangiasse, il suo stomaco ne sfruttava ogni singolo pezzetto di valore.

无论他吃什么，他的胃都会将其充分利用。

Il suo sangue trasportava i nutrienti in tutto il suo potente corpo.

他的血液将营养物质输送到他强健的身体各处。

Ciò gli ha permesso di sviluppare tessuti forti che gli hanno conferito un'incredibile resistenza.

这使得他的组织变得强健，赋予他惊人的耐力。

La sua vista e il suo olfatto diventarono molto più sensibili di prima.

他的视觉和嗅觉比以前敏锐得多。

Il suo udito diventò così acuto che riusciva a percepire anche i suoni più deboli durante il sonno.

他的听觉变得如此敏锐，以至于在睡眠中也能听见微弱的声音。

Nei sogni sapeva se quei suoni significavano sicurezza o pericolo.

他在梦中知道这些声音是意味着安全还是危险。

Imparò a mordere con i denti il ghiaccio tra le dita dei piedi.

他学会了用牙齿咬脚趾间的冰。

Se una pozza d'acqua si ghiacciava, lui rompeva il ghiaccio con le gambe.

如果水坑结冰了，他就会用腿把冰破掉。

Si impennò e colpì duramente il ghiaccio con gli arti anteriori rigidi.

他直立起来，用僵硬的前肢用力撞击冰面。

La sua abilità più sorprendente era quella di prevedere i cambiamenti del vento durante la notte.

他最惊人的能力是预测一夜之间的风向变化。

Anche quando l'aria era immobile, sceglieva luoghi riparati dal vento.

即使空气静止时，他也会选择避风的地方。

Ovunque scavasse il nido, il vento del giorno dopo lo superava.

无论他在哪里筑巢，第二天的风都会吹过他。

Alla fine si ritrovava sempre al sicuro e protetto, al riparo dal vento.

他总是舒适地躲在下风处，受到保护。

Buck non solo imparò dall'esperienza: anche il suo istinto tornò.

巴克不仅通过经验学习，他的本能也恢复了。

Le abitudini delle generazioni addomesticate cominciarono a scomparire.

驯化一代人的习惯开始消失。

Ricordava vagamente i tempi antichi della sua razza.

他模糊地记得自己种族的古老时代。

Ripensò a quando i cani selvatici correvano in branco nelle foreste.
他回想起野狗成群结队地在森林里奔跑的情景。

Avevano inseguito e ucciso la loro preda mentre la inseguivano.
他们在追捕猎物时追赶并杀死了猎物。

Per Buck fu facile imparare a combattere con forza e velocità.
巴克很容易就学会了如何利用牙齿和速度进行战斗。

Come i suoi antenati, usava tagli, squarci e schiocchi rapidi.
他像他的祖先一样使用砍、砍和快速的折断。

Quegli antenati si risvegliarono in lui e risvegliarono la sua natura selvaggia.
那些祖先激起了他内心的骚动，唤醒了他狂野的本性。

Le loro vecchie abilità gli erano state trasmesse attraverso la linea di sangue.
他们的旧技能已通过血统传给了他。

Ora i loro trucchi erano suoi, senza bisogno di pratica o sforzo.
现在他们的技巧已经为他所用，无需练习或努力。

Nelle notti fredde e tranquille, Buck sollevava il naso e ululò.
在寂静寒冷的夜晚，巴克抬起鼻子嚎叫。

Ululò a lungo e profondamente, come facevano i lupi tanto tempo fa.
他发出一声深沉而悠长的嚎叫，就像很久以前的狼那样。

Attraverso di lui, i suoi antenati defunti puntarono il naso e ulularono.
通过他，他死去的祖先们指着鼻子嚎叫。

Hanno ululato attraverso i secoli con la sua voce e la sua forma.
它们以他的声音和身影，在几个世纪中一直咆哮。

Le sue cadenze erano le loro, vecchi gridi che parlavano di dolore e di freddo.

他的歌声和他们的歌声一样，是诉说悲伤和寒冷的古老哭声。

Cantavano dell'oscurità, della fame e del significato dell'inverno.

他们歌唱黑暗、饥饿和冬天的意义。

Buck ha dimostrato come la vita sia plasmata da forze che vanno oltre noi stessi,

巴克证明了生命是如何被超越自身的力量所塑造的，

l'antico canto risuonò nelle vene di Buck e si impadronì della sua anima.

这首古老的歌谣在巴克心中回荡，并占据了他的灵魂。

Ritrovò se stesso perché gli uomini avevano trovato l'oro nel Nord.

他找到了自己，因为人们在北方发现了黄金。

E lo trovò perché Manuel, l'aiutante giardiniere, aveva bisogno di soldi.

他之所以能找到自己，是因为园丁的助手曼努埃尔需要钱。

La Bestia Primordiale Dominante
主宰原始野兽

La bestia primordiale dominante era più forte che mai in Buck.

巴克身上占主导地位的原始野兽依然强大。

Ma la bestia primordiale dominante era rimasta dormiente in lui.

但那头占主导地位的原始野兽却在他体内沉睡。

La vita sui sentieri era dura, ma rafforzava la bestia che era in Buck.

越野生活虽然艰苦，但却增强了巴克内心的野兽之心。

Segretamente la bestia diventava sempre più forte ogni giorno.

野兽每天都在秘密地变得越来越强大。

Ma quella crescita interiore è rimasta nascosta al mondo esterno.

但内心的成长对于外界来说却是隐藏的。

Una forza primordiale calma e silenziosa si stava formando dentro Buck.

一种安静而平和的原始力量正在巴克内心积聚。

Una nuova astuzia diede a Buck equilibrio, calma e compostezza.

新的狡猾让巴克变得平衡、冷静、沉着。

Buck si concentrò molto sull'adattamento, senza mai sentirsi completamente rilassato.

巴克努力集中精力去适应，但始终感觉不到完全放松。

Evitava i conflitti, non iniziava mai litigi e non cercava mai guai.

他避免冲突，从不挑起争斗，也不惹麻烦。

Ogni mossa di Buck era scandita da una riflessione lenta e costante.

缓慢而稳定的深思熟虑塑造了巴克的每一个举动。

Evitava scelte avventate e decisioni improvvise e sconsiderate.

他避免做出草率的选择和突然、鲁莽的决定。

Sebbene Buck odiasse profondamente Spitz, non gli mostrò alcuna aggressività.

尽管巴克深恨斯皮茨，但他并没有向他表现出任何攻击性。

Buck non provocò mai Spitz e mantenne le sue azioni moderate.

巴克从未激怒过斯皮茨，并且保持着克制自己的行为。

Spitz, d'altro canto, percepì il pericolo crescente in Buck.

另一方面，斯皮茨感觉到巴克身上越来越大的危险。

Vedeva Buck come una minaccia e una seria sfida al suo potere.

他认为巴克是一个威胁，对他的权力是一个严峻的挑战。

Coglieva ogni occasione per ringhiare e mostrare i suoi denti aguzzi.

他利用一切机会咆哮并露出锋利的牙齿。

Stava cercando di dare inizio allo scontro mortale che sarebbe dovuto avvenire.

他正试图发起一场必将到来的殊死战斗。

All'inizio del viaggio, tra loro scoppiò quasi una lite.

旅行初期，他们之间几乎爆发了一场争吵。

Ma un incidente inaspettato impedì che il combattimento avesse luogo.

但一场意外的事故阻止了这场战斗的发生。

Quella sera si accamparono sul gelido lago Le Barge.

那天晚上，他们在寒冷的勒巴尔日湖边扎营。

La neve cadeva fitta e il vento era tagliente come una lama.

雪下得很大，风像刀子一样刺骨。

La notte era scesa troppo in fretta e l'oscurità li aveva avvolti.

夜幕降临得太快，黑暗将他们包围。

Difficilmente avrebbero potuto scegliere un posto peggiore per riposare.

他们选择的休息地点实在是太糟糕了。

I cani cercavano disperatamente un posto dove sdraiarsi.

狗拼命寻找一个可以躺下的地方。

Dietro il piccolo gruppo si ergeva un'alta parete rocciosa.

一堵高高的岩壁在这群人的身后陡然耸立。

Per alleggerire il carico, la tenda era stata lasciata a Dyea.

为了减轻负担，帐篷被留在了迪亚。

Non avevano altra scelta che accendere il fuoco direttamente sul ghiaccio.

他们别无选择，只能在冰上生火。

Stendevano i loro accappatoi direttamente sul lago ghiacciato.

他们把睡袍直接铺在冰冻的湖面上。

Qualche pezzo di legno galleggiante dava loro un po' di fuoco.

几根浮木为他们带来了一点火。

Ma il fuoco è stato acceso sul ghiaccio e attraverso di esso si è scongelato.

但火是在冰上燃起的，并且通过冰融化。

Alla fine cenarono al buio.

最后他们在黑暗中吃晚饭。

Buck si rannicchiò accanto alla roccia, al riparo dal vento freddo.

巴克蜷缩在岩石旁边，躲避寒风。

Il posto era così caldo e sicuro che Buck non voleva andarsene.

这个地方非常温暖、安全，巴克不愿意离开。

Ma François aveva scaldato il pesce e stava distribuendo le razioni.

但弗朗索瓦已经把鱼热好并分发了口粮。

Buck finì di mangiare in fretta e tornò a letto.

巴克很快吃完饭，然后回到床上。

Ma Spitz ora giaceva dove Buck aveva preparato il suo letto.

但斯皮茨现在正躺在巴克铺好床的地方。

Un ringhio basso avvertì Buck che Spitz si rifiutava di muoversi.

巴克低声咆哮着警告说，斯皮茨拒绝移动。

Finora Buck aveva evitato lo scontro con Spitz.

到目前为止，巴克一直避免与斯皮茨发生战斗。

Ma nel profondo di Buck la bestia alla fine si liberò.

但巴克内心深处的野兽终于挣脱了。

Il furto del suo posto letto era troppo da tollerare.

他的睡觉的地方被盗，这实在令人无法容忍。

Buck si lanciò contro Spitz, pieno di rabbia e furore.

巴克满怀愤怒和狂怒，向斯皮茨扑去。

Fino a quel momento Spitz aveva pensato che Buck fosse solo un grosso cane.

直到现在，斯皮茨还以为巴克只是一只大狗。

Non pensava che Buck fosse sopravvissuto grazie al suo spirito.

他不认为巴克凭借其精神存活了下来。

Si aspettava paura e codardia, non furia e vendetta.

他期待的是恐惧和懦弱，而不是愤怒和报复。

François rimase a guardare mentre entrambi i cani schizzavano fuori dal nido in rovina.

弗朗索瓦目睹两只狗从被毁坏的狗窝里冲出来。

Capì subito cosa aveva scatenato quella violenta lotta.

他立刻明白了是什么引发了这场激烈的争斗。

"Aa-ah!" gridò François in sostegno del cane marrone.

"啊啊！"弗朗索瓦大声喊道，支持这只棕色的狗。

"Dategli una bella lezione! Per Dio, punite quel ladro furbo!"

"揍扁他！老天爷啊，惩罚一下这个鬼鬼祟祟的小偷！"

Spitz dimostrò altrettanta prontezza e fervore nel combattere.

斯皮茨表现出同样的准备和狂热的战斗热情。

Gridò di rabbia mentre girava velocemente in tondo, cercando un varco.

他一边愤怒地叫喊，一边快速地盘旋，寻找着突破口。

Buck mostrò la stessa fame di combattere e la stessa cautela.
巴克表现出同样的战斗渴望，以及同样的谨慎。

Anche lui girò intorno al suo avversario, cercando di avere la meglio nella battaglia.
他也绕着对手转圈，试图在战斗中占上风。

Poi accadde qualcosa di inaspettato e cambiò tutto.
然后意想不到的事情发生了，改变了一切。

Quel momento ritardò l'eventuale lotta per la leadership.
那一刻推迟了最终的领导权之争。

Ci sarebbero ancora molti chilometri di sentiero e di lotta da percorrere prima della fine.
在终点之前，还有很长的路要走，还有许多艰辛等待着我们。

Perrault urlò un'imprecazione mentre una mazza colpiva l'osso.
当棍棒敲击骨头时，佩罗大声咒骂。

Seguì un acuto grido di dolore, poi il caos esplose tutt'intorno.
随后传来一声痛苦的尖叫，四周一片混乱。

Forme scure si muovevano nell'accampamento: husky selvatici, affamati e feroci.
营地里黑影移动；野性的哈士奇，饥饿而凶猛。

Quattro o cinque dozzine di husky avevano fiutato l'accampamento da molto lontano.
四五十只哈士奇从远处嗅到了营地的气味。

Si erano introdotti furtivamente mentre i due cani litigavano lì vicino.
当两只狗在附近打架时，他们悄悄地潜了进来。

François e Perrault si lanciarono all'attacco, colpendo con i manganelli gli invasori.
弗朗索瓦和佩罗发起冲锋，挥舞着棍棒向入侵者发起攻击。

Gli husky affamati mostrarono i denti e si dibatterono freneticamente.

饥饿的哈士奇露出牙齿，疯狂反击。

L'odore della carne e del pane li aveva fatti superare ogni paura.

肉和面包的香味驱散了他们的恐惧。

Perrault picchiò un cane che aveva nascosto la testa nella buca delle vivande.

佩罗殴打了一只把头埋在食物盒里的狗。

Il colpo fu violento e la scatola si ribaltò, facendo fuoriuscire il cibo.

这一击很重，盒子翻转了，食物洒了出来。

Nel giro di pochi secondi, una ventina di bestie feroci si avventarono sul pane e sulla carne.

几秒钟之内，二十只野兽就把面包和肉撕碎了。

I bastoni degli uomini sferrarono un colpo dopo l'altro, ma nessun cane si allontanò.

男人们的棍棒不断挥击，但没有一只狗能躲过。

Urlavano di dolore, ma continuarono a lottare finché non rimase più cibo.

它们痛苦地嚎叫着，但仍在战斗，直到没有食物为止。

Nel frattempo i cani da slitta erano saltati giù dalle loro culle innevate.

与此同时，雪橇犬已经从雪床上跳了起来。

Furono immediatamente attaccati dai feroci e affamati husky.

他们立即遭到凶猛饥饿的哈士奇的袭击。

Buck non aveva mai visto prima creature così selvagge e affamate.

巴克以前从未见过如此野蛮和饥饿的动物。

La loro pelle pendeva flaccida, nascondendo a malapena lo scheletro.

他们的皮肤松弛下垂，几乎遮不住他们的骨骼。

C'era un fuoco nei loro occhi, per fame e follia

他们的眼睛里燃烧着饥饿和疯狂的火焰

Non c'era modo di fermarli, di resistere al loro assalto selvaggio.

没有什么可以阻止他们；没有什么可以抵抗他们野蛮的冲锋。

I cani da slitta vennero spinti indietro e premuti contro la parete della scogliera.

雪橇犬被推回，并被压在悬崖壁上。

Tre husky attaccarono Buck contemporaneamente, lacerandogli la carne.

三只哈士奇立刻向巴克发起攻击，撕咬他的肉体。

Il sangue gli colava dalla testa e dalle spalle, dove era stato tagliato.

他的头部和肩膀被割伤，鲜血直流。

Il rumore riempì l'accampamento: ringhi, guaiti e grida di dolore.

营地里充满了噪音；咆哮声、尖叫声和痛苦的哭喊声。

Billee pianse forte, come al solito, presa dal panico e dalla mischia.

比莉像往常一样，陷入了争斗和恐慌之中，大声哭了起来。

Dave e Solleks rimasero fianco a fianco, sanguinanti ma con aria di sfida.

戴夫和索莱克斯并肩站着，浑身是血，但依然顽强抵抗。

Joe lottava come un demonio, mordendo tutto ciò che gli si avvicinava.

乔像恶魔一样战斗，咬任何靠近的东西。

Con un violento schiocco di mascelle schiacciò la zampa di un husky.

他用嘴狠狠地咬碎了一只哈士奇的腿。

Pike saltò sull'husky ferito e gli ruppe il collo all'istante.

派克跳到受伤的哈士奇身上，瞬间扭断了它的脖子。

Buck afferrò un husky per la gola e gli strappò la vena.

巴克抓住了哈士奇的喉咙并撕开了它的血管。

Il sangue schizzò e il sapore caldo mandò Buck in delirio.

鲜血喷洒而出，温热的味道让巴克陷入狂暴。

Si lanciò contro un altro aggressore senza esitazione.

他毫不犹豫地向另一名袭击者扑去。

Nello stesso momento, denti aguzzi si conficcarono nella gola di Buck.

与此同时，锋利的牙齿咬住了巴克的喉咙。

Spitz aveva colpito di lato, attaccando senza preavviso.

斯皮茨从侧面发起攻击，毫无预警。

Perrault e François avevano sconfitto i cani rubando il cibo.

佩罗和弗朗索瓦打败了偷食物的狗。

Ora si precipitarono ad aiutare i loro cani a respingere gli aggressori.

现在他们冲上前去帮助他们的狗反击袭击者。

I cani affamati si ritirarono mentre gli uomini roteavano i loro manganelli.

当这些人挥动棍棒时，饥饿的狗纷纷撤退。

Buck riuscì a liberarsi dall'attacco, ma la fuga fu breve.

巴克挣脱了攻击，但逃脱的时间很短。

Gli uomini corsero a salvare i loro cani e gli husky tornarono ad attaccarli.

男人们赶紧跑去救他们的狗，哈士奇们又蜂拥而至。

Billee, spaventato e coraggioso, si lanciò nel branco di cani.

比利吓得鼓起勇气，跳进了狗群。

Ma poi fuggì attraverso il ghiaccio, in preda al terrore e al panico.

但随后，他就惊恐万分，慌乱地穿过冰面逃走了。

Pike e Dub li seguirono da vicino, correndo per salvarsi la vita.

派克和杜布紧随其后，逃命地奔跑。

Il resto della squadra si disperse e li inseguì.

其余队员也纷纷散开，跟在他们后面。

Buck raccolse le forze per correre, ma poi vide un lampo.

巴克鼓起勇气准备跑，但突然看到一道闪光。

Spitz si lanciò verso Buck, cercando di buttarlo a terra.

斯皮茨猛扑向巴克的侧面，试图将他击倒在地。

Sotto quella banda di husky, Buck non avrebbe avuto scampo.

在那群哈士奇的围剿下，巴克根本无法逃脱。

Ma Buck rimase fermo e si preparò al colpo di Spitz.

但巴克坚定地站着，准备迎接斯皮茨的打击。

Poi si voltò e corse sul ghiaccio con la squadra in fuga.

然后他转身和逃跑的队伍一起跑到了冰上。

Più tardi i nove cani da slitta si radunarono al riparo del bosco.

随后，九只雪橇犬聚集在树林的掩蔽处。

Nessuno li inseguiva più, ma erano malconci e feriti.

没有人再追赶他们，但他们却伤痕累累。

Ogni cane presentava delle ferite: quattro o cinque tagli profondi su ogni corpo.

每只狗都受伤了；每只狗身上都有四五处深深的伤口。

Dub aveva una zampa posteriore ferita e ora faceva fatica a camminare.

杜布的后腿受伤了，现在走路很困难。

Dolly, l'ultimo cane arrivato da Dyea, aveva la gola tagliata.

多莉是戴亚家最新出生的狗，它的喉咙被割破了。

Joe aveva perso un occhio e l'orecchio di Billee era stato tagliato a pezzi

乔失去了一只眼睛，比莉的耳朵被割成了碎片

Tutti i cani piansero per il dolore e la sconfitta durante la notte.

所有的狗都痛苦而沮丧地哭了一整夜。

All'alba tornarono lentamente all'accampamento, doloranti e distrutti.

黎明时分，他们浑身伤痕累累，蹑手蹑脚地回到营地。

Gli husky erano scomparsi, ma il danno era fatto.

哈士奇消失了，但损失已经造成。

Perrault e François erano di pessimo umore e osservavano le rovine.

佩罗和弗朗索瓦站在废墟旁，心情十分沮丧。

Metà del cibo era sparito, rubato dai ladri affamati.

一半的食物都没了，被饥饿的盗贼抢走了。

Gli husky avevano strappato le corde e la tela della slitta.

哈士奇犬已经撕破了雪橇的绑带和帆布。

Tutto ciò che aveva odore di cibo era stato divorato completamente.

任何有食物气味的东西都被吃光了。

Mangiarono un paio di stivali da viaggio in pelle di alce di Perrault.

他们吃了一双佩罗的驼鹿皮旅行靴。

Hanno masticato le pelli e rovinato i cinturini rendendoli inutilizzabili.

它们啃咬皮革，损坏皮带，使其无法使用。

François smise di fissare la frusta strappata per controllare i cani.

弗朗索瓦不再盯着被撕破的鞭子，而是去查看狗。

«Ah, amici miei», disse con voce bassa e preoccupata.

"啊，我的朋友们，"他低声说道，声音里充满了担忧。

"Forse tutti questi morsi vi trasformeranno in bestie pazze."

"也许这些咬伤会让你们变成疯狂的野兽。"

"Forse tutti cani rabbiosi, sacredam! Che ne pensi, Perrault?"

"也许都是疯狗，天哪！你觉得怎么样，佩罗？"

Perrault scosse la testa, con gli occhi scuri per la preoccupazione e la paura.

佩罗摇了摇头，眼神里充满了担忧和恐惧。

C'erano ancora quattrocento miglia tra loro e Dawson.

他们和道森之间仍有四百英里的距离。

La follia dei cani potrebbe ormai distruggere ogni possibilità di sopravvivenza.

现在，狗的疯狂可能会摧毁任何生存的机会。

Hanno passato due ore a imprecare e a cercare di riparare l'attrezzatura.

他们花了两个小时咒骂并试图修复装备。

La squadra ferita alla fine lasciò l'accampamento, distrutta e sconfitta.

伤员队伍最终溃不成军，离开了营地。

Questo è stato il sentiero più duro finora e ogni passo è stato doloroso.

这是迄今为止最艰难的路程，每一步都很痛苦。

Il fiume Thirty Mile non era ghiacciato e scorreva impetuoso.

三十里河尚未结冰，水流湍急。

Soltanto nei punti calmi e nei vortici il ghiaccio riusciva a resistere.

只有在平静的地方和漩涡中冰才能保持稳定。

Trascorsero sei giorni di duro lavoro per percorrere le trenta miglia.

经过六天的艰苦劳动，三十英里的路程终于完成了。

Ogni miglio del sentiero porta con sé pericoli e minacce di morte.

每英里的道路都带来危险和死亡的威胁。

Uomini e cani rischiavano la vita a ogni passo doloroso.

男人和狗每走一步都冒着生命危险。

Perrault riuscì a superare i sottili ponti di ghiaccio una dozzina di volte.

佩罗曾十几次打破薄冰桥。

Prese un palo e lo lasciò cadere nel buco creato dal suo corpo.

他拿着一根杆子，让它落在他身体撞出的洞上。

Quel palo salvò Perrault più di una volta dall'annegamento.

这根杆子曾多次救佩罗免于溺水。

L'ondata di freddo persisteva, la temperatura era di cinquanta gradi sotto zero.

寒流持续不断，气温降至零下五十度。

Ogni volta che cadeva, Perrault era costretto ad accendere un fuoco per sopravvivere.

每次掉下去，佩罗就必须点火才能生存。

Gli abiti bagnati si congelavano rapidamente, perciò li faceva asciugare vicino al calore cocente.

湿衣服很快就结冻了，所以他用高温烘干它们。

Perrault non provava mai paura, e questo faceva di lui un corriere.

佩罗从不畏惧，这使他成为一名信使。

Fu scelto per affrontare il pericolo e lo affrontò con silenziosa determinazione.

他被选中去承担危险，并且他以沉着的决心去面对它。

Si spinse in avanti controvento, con il viso raggrinzito e congelato.

他迎风向前走去，干瘪的脸上满是冻伤。

Perrault li guidò in avanti dall'alba al tramonto.

从黎明微光到夜幕降临，佩罗带领他们继续前行。

Camminava sul ghiaccio sottile che scricchiolava a ogni passo.

他走在边缘狭窄的冰面上，每走一步，冰面都会裂开。

Non osavano fermarsi: ogni pausa rischiava di provocare un crollo mortale.

他们不敢停下来——

每一次停顿都有可能导致致命的崩溃。

Una volta la slitta si ruppe, trascinando dentro Dave e Buck.

有一次，雪橇冲破了雪道，把戴夫和巴克拉了进去。

Quando furono liberati, entrambi erano quasi congelati.

当他们被拖出来时，两人都几乎冻僵了。

Gli uomini accesero rapidamente un fuoco per salvare Buck e Dave.

男人们迅速生起火来，以保证巴克和戴夫活下去。

I cani erano ricoperti di ghiaccio dal naso alla coda, rigidi come legno intagliato.

狗从鼻子到尾巴都覆盖着冰，僵硬得像雕刻的木头一样。

Gli uomini li fecero correre in cerchio vicino al fuoco per scongelarne i corpi.

男人们让孩子们在火堆旁跑来跑去，以解冻孩子们的尸体。

Si avvicinarono così tanto alle fiamme che la loro pelliccia rimase bruciacchiata.

它们距离火焰太近，以至于它们的皮毛都被烧焦了。

Spitz ruppe poi il ghiaccio, trascinando dietro di sé la squadra.

接下来，斯皮茨冲破了冰层，拖着身后的队伍。

La frenata arrivava fino al punto in cui Buck stava tirando.

断裂处一直延伸到巴克拉动的地方。

Buck si appoggiò bruscamente allo schienale, con le zampe che scivolavano e tremavano sul bordo.

巴克猛地向后靠去，爪子在边缘处打滑并颤抖。

Anche Dave si sforzò all'indietro, proprio dietro Buck sulla linea.

戴夫也向后靠拢，刚好在巴克身后。

François tirava la slitta e i suoi muscoli scricchiolavano per lo sforzo.

弗朗索瓦拉着雪橇，他的肌肉因用力而发出嘎吱声。

Un'altra volta, il ghiaccio del bordo si è crepato davanti e dietro la slitta.

还有一次，雪橇前后边缘的冰裂开了。

Non avevano altra via d'uscita se non quella di arrampicarsi su una parete ghiacciata.

除了攀爬冰冻的悬崖壁外，他们没有其他出路。

In qualche modo Perrault riuscì a scalare il muro: un miracolo lo tenne in vita.

佩罗不知怎么地爬上了墙；奇迹让他活了下来。

François rimase sottocoperta, pregando che gli capitasse la stessa fortuna.

弗朗索瓦留在楼下，祈祷着同样的好运。

Legarono ogni cinghia, legatura e tirante in un'unica lunga corda.

他们把每条皮带、捆扎带和牵引绳都绑成一根长绳。

Gli uomini trascinarono i cani uno alla volta fino in cima.

男人们把每只狗都拖上去，一次一只。

François salì per ultimo, dopo la slitta e tutto il carico.

弗朗索瓦（François）
最后一个爬上去，跟在雪橇和所有货物后面。

Poi iniziò una lunga ricerca di un sentiero che scendesse dalle scogliere.

然后开始漫长的寻找从悬崖下来的道路。

Alla fine scesero utilizzando la stessa corda che avevano costruito.

他们最终利用自己制作的同一根绳索下山。

Scese la notte mentre tornavano al letto del fiume, esausti e doloranti.

当他们筋疲力尽、浑身酸痛地回到河床时，夜幕降临了。

Avevano impiegato un giorno intero per percorrere solo un quarto di miglio.

他们花了一整天的时间才走了四分之一英里。

Quando giunsero all'Hootalinqua, Buck era sfinito.

当他们到达 Hootalinqua
时，巴克已经筋疲力尽了。

Anche gli altri cani soffrivano le stesse condizioni del sentiero.

其他狗也因路径状况而遭受了同样严重的伤害。

Ma Perrault aveva bisogno di recuperare tempo e li spingeva avanti giorno dopo giorno.

但佩罗需要恢复时间，并每天督促他们。

Il primo giorno percorsero trenta miglia fino a Big Salmon.

第一天，他们行驶了三十英里到达大鲑鱼。

Il giorno dopo percorsero trentacinque miglia fino a Little Salmon.

第二天，他们行驶了三十五英里，到达了小萨蒙。

Il terzo giorno percorsero quaranta miglia ghiacciate.

第三天，他们走过了四十英里冰冻的路程。

A quel punto si stavano avvicinando all'insediamento di Five Fingers.

那时，他们已经接近五指定居点了。

I piedi di Buck erano più morbidi di quelli duri degli husky autoctoni.

巴克的脚比本地哈士奇的硬脚要柔软。

Le sue zampe erano diventate tenere nel corso di molte generazioni civilizzate.

经过多代文明的洗礼，他的爪子已经变得娇嫩。

Molto tempo fa, i suoi antenati erano stati addomesticati dagli uomini del fiume o dai cacciatori.

很久以前，他的祖先被河人或猎人驯服了。

Ogni giorno Buck zoppicava per il dolore, camminando con le zampe screpolate e doloranti.

巴克每天都痛苦地跛行，用粗糙、疼痛的爪子行走。

Giunto all'accampamento, Buck cadde come un corpo senza vita sulla neve.

在营地里，巴克像一个毫无生气的身影倒在雪地上。

Sebbene fosse affamato, Buck non si alzò per consumare il pasto serale.

尽管很饿，巴克还是没有起床吃晚饭。

François portò la sua razione a Buck, mettendogli del pesce vicino al muso.

弗朗索瓦给巴克送来了口粮，并把鱼放在巴克的嘴边。

Ogni notte l'autista massaggiava i piedi di Buck per mezz'ora.

每天晚上，司机都会给巴克的脚揉半个小时。

François arrivò persino a tagliare i suoi mocassini per farne delle calzature per cani.

弗朗索瓦甚至剪开自己的鹿皮鞋来制作狗鞋。

Quattro scarpe calde diedero a Buck un grande e gradito sollievo.

四双温暖的鞋子让巴克感到无比轻松。

Una mattina François dimenticò le scarpe e Buck si rifiutò di alzarsi.

一天早上，弗朗索瓦忘记了鞋子，而巴克拒绝起床。

Buck giaceva sulla schiena, con i piedi in aria, e li agitava in modo pietoso.

巴克仰面躺着，双脚高高举起，可怜巴巴地挥舞着。

Persino Perrault sorrise alla vista dell'appello drammatico di Buck.

看到巴克戏剧性的恳求，就连佩罗也笑了。

Ben presto i piedi di Buck diventarono duri e le scarpe poterono essere tolte.

很快，巴克的脚就变硬了，鞋子就可以扔掉了。

A Pelly, durante il periodo in cui veniva imbrigliata, Dolly emise un ululato terribile.

在佩利，当套上挽具时，多莉会发出一声可怕的嚎叫。

Il grido era lungo e pieno di follia, e fece tremare tutti i cani.

哭声悠长而疯狂，震得每只狗都颤抖起来。

Ogni cane si rizzava per la paura, senza capirne il motivo.

每只狗都不知道为什么而恐惧地竖起了毛。

Dolly era impazzita e si era scagliata contro Buck.

多莉已经疯了，她径直向巴克扑去。

Buck non aveva mai visto la follia, ma l'orrore gli riempì il cuore.

巴克从未见过疯狂，但恐惧充满了他的内心。

Senza pensarci due volte, si voltò e fuggì in preda al panico più assoluto.

他没有多想，慌乱之中转身就逃。

Dolly lo inseguì, con gli occhi selvaggi e la saliva che le colava dalle fauci.

多莉追着他，眼神狂野，口水直流。

Si tenne sempre dietro a Buck, senza mai guadagnare terreno e senza mai indietreggiare.

她一直跟在巴克身后，既不前进，也不后退。

Buck corse attraverso i boschi, giù per l'isola, sul ghiaccio frastagliato.

巴克跑过树林，跑下小岛，跨过锯齿状的冰面。

Attraversò un'isola, poi un'altra, per poi tornare indietro verso il fiume.

他穿过一座岛屿，然后又穿过另一座岛屿，绕回河边。

Dolly continuava a inseguirlo, ringhiando sempre più forte a ogni passo.

多莉仍然追着他，每走一步，她都会在后面咆哮。

Buck poteva sentire il suo respiro e la sua rabbia, anche se non osava voltarsi indietro.

巴克可以听到她的呼吸和愤怒，尽管他不敢回头。

François gridò da lontano e Buck si voltò verso la voce.

弗朗索瓦从远处喊道，巴克顺着声音转过身。

Ancora senza fiato, Buck corse oltre, riponendo ogni speranza in François.

巴克一边喘着气，一边跑过去，把所有的希望都寄托在弗朗索瓦身上。

Il conducente del cane sollevò un'ascia e aspettò che Buck gli passasse accanto.

狗司机举起斧头，等待巴克飞奔而过。

L'ascia calò rapidamente e colpì la testa di Dolly con forza mortale.

斧头迅速落下，致命一击击中了多莉的头部。

Buck crollò vicino alla slitta, ansimando e incapace di muoversi.

巴克倒在雪橇旁，气喘吁吁，无法动弹。

Quel momento diede a Spitz la possibilità di colpire un nemico esausto.

那一刻，斯皮茨有机会攻击疲惫的敌人。

Morse Buck due volte, strappandogli la carne fino all'osso bianco.

它两次咬了巴克，把肉撕成了白骨。

La frusta di François schioccò, colpendo Spitz con tutta la sua forza, con furia.

弗朗索瓦的鞭子啪的一声响起，用尽全力猛击斯皮茨。

Buck guardò con gioia Spitz mentre riceveva il pestaggio più duro fino a quel momento.

巴克高兴地看着斯皮茨遭受迄今为止最惨痛的打击。

«È un diavolo, quello Spitz», borbottò Perrault tra sé e sé.

"那只斯皮茨犬真是个魔鬼，"佩罗阴沉地自言自语道。

"Un giorno o l'altro, quel cane maledetto ucciderà Buck, lo giuro."

"不久的将来，那条该死的狗会杀死巴克——我发誓。"

«Quel Buck ha due diavoli dentro di sé», rispose François annuendo.

"那只巴克心里有两个魔鬼，"弗朗索瓦点头回答道。

"Quando osservo Buck, so che dentro di lui si cela qualcosa di feroce."

"当我观察巴克时，我知道他内心深处隐藏着某种凶猛的东西。"

"Un giorno, si infurierà come il fuoco e farà a pezzi Spitz."

"总有一天，他会像火一样愤怒，把斯皮茨撕成碎片。"

"Mastichèrà quel cane e lo sputerà sulla neve ghiacciata."

"他会把那只狗咬碎，然后把它吐在冰冻的雪地上。"

"Certo, lo so fin nel profondo."

"毫无疑问，我深知这一点。"

Da quel momento in poi, i due cani furono in guerra tra loro.

从那一刻起，两只狗就开始互相争斗。

Spitz guidava la squadra e deteneva il potere, ma Buck lo sfidava.

斯皮茨领导团队并掌握权力，但巴克对此提出了挑战。

Spitz si rese conto che il suo rango era minacciato da questo strano straniero del Sud.

斯皮茨发现他的地位受到了这个奇怪的南国陌生人的威胁。

Buck era diverso da tutti i cani del sud che Spitz aveva conosciuto fino ad allora.

巴克与斯皮兹以前认识的任何南方狗都不一样。

La maggior parte di loro fallì: troppo deboli per sopravvivere al freddo e alla fame.

他们中的大多数人都失败了——

他们太虚弱了，无法忍受寒冷和饥饿。

Morirono rapidamente a causa del lavoro, del gelo e del lento bruciare della carestia.

他们在劳作、霜冻和饥荒的缓慢侵蚀下迅速死去。

Buck si distingueva: ogni giorno più forte, più intelligente e più selvaggio.

巴克与众不同——他一天比一天强壮、聪明、凶猛。

Ha prosperato nonostante le difficoltà, crescendo al pari degli husky del nord.

他在艰苦中茁壮成长，最终成长为与北方哈士奇犬相媲美的犬种。

Buck era dotato di forza, abilità straordinaria e un istinto paziente e letale.

巴克拥有力量、野性、耐心和致命的本能。

L'uomo con la mazza aveva annientato Buck per fargli perdere la temerarietà.

那个手持棍棒的人把巴克打得不再鲁莽了。

La furia cieca se n'era andata, sostituita da un'astuzia silenziosa e dal controllo.

盲目的愤怒消失了，取而代之的是安静的狡猾和控制。

Attese, calmo e primordiale, in attesa del momento giusto.
他平静而原始地等待着，等待着合适的时机。

La loro lotta per il comando divenne inevitabile e chiara.
他们争夺指挥权的斗争已变得不可避免且显而易见。

Buck desiderava la leadership perché il suo spirito la richiedeva.
巴克渴望成为领导者，因为他的精神需要它。

Era spinto da quello strano orgoglio che nasceva dal sentiero e dall'imbracatura.
他被源于小径和马具的奇特自豪感所驱使。

Quell'orgoglio faceva sì che i cani tirassero fino a crollare sulla neve.
那种骄傲让狗一直拖着，直到倒在雪地上。

L'orgoglio li spinse a dare tutta la forza che avevano.
骄傲引诱他们付出所有的力量。

L'orgoglio può trascinare un cane da slitta fino al punto di ucciderlo.
骄傲甚至会引诱雪橇犬走向死亡。

Perdere l'imbracatura rendeva i cani deboli e senza scopo.
失去挽具会让狗变得残废，失去生存的意义。

Il cuore di un cane da slitta può essere spezzato dalla vergogna quando va in pensione.
当雪橇犬退役时，它的心可能会因羞愧而破碎。

Dave viveva con questo orgoglio mentre trascinava la slitta da dietro.
戴夫在后面拖着雪橇，活出了那种自豪感。

Anche Solleks diede il massimo con cupa forza e lealtà.
索莱克斯也以坚定的力量和忠诚奉献了自己的一切。

Ogni mattina l'orgoglio li trasformava da amareggiati a determinati.
每天早晨，骄傲都会让他们从痛苦变得坚定。

Spinsero per tutto il giorno, poi tacquero una volta giunti alla fine dell'accampamento.

他们奋力前进了一整天，然后安静地走到营地的尽头。

Quell'orgoglio diede a Spitz la forza di mettere in riga i fannulloni.
正是这份骄傲让斯皮茨有力量打败那些逃避责任的人。

Spitz temeva Buck perché Buck nutriva lo stesso profondo orgoglio.
斯皮茨害怕巴克，因为巴克也怀有同样的深沉自尊。

L'orgoglio di Buck ora si agitò contro Spitz, ma lui non si fermò.
巴克的自尊心现在对斯皮茨产生了反感，他没有停下来。

Buck sfidò il potere di Spitz e gli impedì di punire i cani.
巴克违抗斯皮茨的权力并阻止他惩罚狗。

Quando gli altri fallivano, Buck si frapponeva tra loro e il loro capo.
当其他人失败时，巴克便介入他们与他们的领袖之间。

Lo fece con intenzione, rendendo la sua sfida aperta e chiara.
他有意这样做，使他的挑战变得公开而明确。

Una notte una forte nevicata coprì il mondo in un profondo silenzio.
一天晚上，大雪覆盖，世界陷入深深的寂静。

La mattina dopo, Pike, pigro come sempre, non si alzò per andare al lavoro.
第二天早上，派克还是像往常一样懒惰，没有起床去上班。

Rimase nascosto nel suo nido sotto uno spesso strato di neve.
他藏在厚厚的积雪下的巢穴里。

François gridò e cercò, ma non riuscì a trovare il cane.
弗朗索瓦大声呼喊并四处寻找，但没能找到那只狗。

Spitz si infuriò e si scagliò contro l'accampamento coperto di neve.

斯皮茨勃然大怒，冲进了白雪覆盖的营地。

Ringhiò e annusò, scavando freneticamente con gli occhi fiammeggianti.

他咆哮着，嗅着，眼睛闪着光，疯狂地挖掘着。

La sua rabbia era così violenta che Pike tremava sotto la neve per la paura.

他的愤怒是如此强烈，以至于派克吓得在雪下颤抖。

Quando finalmente Pike fu trovato, Spitz si lanciò per punire il cane nascosto.

当终于找到派克时，斯皮茨猛扑过去，惩罚这只躲藏的狗。

Ma Buck si scagliò tra loro con una furia pari a quella di Spitz.

但巴克突然冲到他们中间，其愤怒与斯皮茨不相上下。

L'attacco fu così improvviso e astuto che Spitz cadde a terra.

这次攻击是如此突然和巧妙，以至于斯皮茨摔倒了。

Pike, che tremava, trasse coraggio da questa sfida.

派克原本浑身颤抖，但这次反抗让他鼓起了勇气。

Seguendo l'audace esempio di Buck, saltò sullo Spitz caduto.

他学着巴克的大胆举动，跳到了倒下的斯皮茨犬身上。

Buck, non più vincolato dall'equità, si unì allo sciopero di Spitz.

巴克不再受公平的约束，加入了对斯皮茨的攻击。

François, divertito ma fermo nella disciplina, agitò la sua pesante frusta.

弗朗索瓦感到很有趣，但仍然坚持纪律，挥舞着沉重的鞭子。

Colpì Buck con tutta la sua forza per interrompere la rissa.

他用尽全力击打巴克，以阻止这场打斗。

Buck si rifiutò di muoversi e rimase in groppa al capo caduto.

巴克拒绝移动，留在倒下的领袖身上。

François allora usò il manico della frusta e colpì Buck con violenza.

然后弗朗索瓦用鞭子柄狠狠地抽了巴克。

Barcollando per il colpo, Buck cadde all'indietro sotto l'assalto.

巴克被击中后摇摇晃晃，在攻击下倒下了。

François colpì più volte mentre Spitz puniva Pike.

弗朗索瓦一次又一次发起攻击，而斯皮茨则惩罚派克。

Passarono i giorni e Dawson City si avvicinava sempre di più.

日子一天天过去，道森城越来越近了。

Buck continuava a intromettersi, infilandosi tra Spitz e gli altri cani.

巴克不断干扰，在斯皮茨和其他狗之间穿梭。

Sceglieva bene i suoi momenti, aspettando sempre che François se ne andasse.

他选择时机很好，总是等待弗朗索瓦离开。

La ribellione silenziosa di Buck si diffuse e il disordine prese piede nella squadra.

巴克的静默反抗蔓延开来，队伍中陷入混乱。

Dave e Solleks rimasero leali, ma altri diventarono indisciplinati.

戴夫和索莱克斯依然忠诚，但其他人却变得不守规矩。

La squadra peggiorò: divenne irrequieta, litigiosa e fuori luogo.

团队变得越来越糟糕——

焦躁不安、争吵不断、不守规矩。

Ormai niente filava liscio e le liti diventavano all'ordine del giorno.

一切都不再顺利，争斗变得频繁起来。

Buck rimase sempre al centro dei guai, provocando disordini.

巴克始终处于麻烦的中心，总是挑起动乱。

François rimase vigile, temendo la lotta tra Buck e Spitz.

弗朗索瓦保持警惕，害怕巴克和斯皮茨之间的打斗。

Ogni notte veniva svegliato da zuffe e temeva che finalmente fosse arrivato l'inizio.

每个晚上，打斗声都会把他吵醒，他担心战争的开始终于到来了。

Balzò fuori dalla veste, pronto a interrompere la rissa.

他从长袍中跳起来，准备阻止这场争斗。

Ma il momento non arrivò mai e alla fine raggiunsero Dawson.

但这一刻并没有到来，他们最终到达了道森。

La squadra entrò in città in un pomeriggio cupo, teso e silenzioso.

一个阴冷的下午，队伍进入了小镇，气氛紧张而安静。

La grande battaglia per la leadership era ancora sospesa nell'aria gelida.

争夺领导权的激烈斗争仍然悬而未决。

Dawson era piena di uomini e cani da slitta, tutti impegnati nel lavoro.

道森到处都是忙于工作的人们和雪橇犬。

Buck osservava i cani trainare i carichi dalla mattina alla sera.

巴克从早到晚看着狗拉着货物。

Trasportavano tronchi e legna da ardere e spedivano rifornimenti alle miniere.

他们运送原木和木柴，将物资运送到矿井。

Nel Southland, dove un tempo lavoravano i cavalli, ora lavoravano i cani.

南方地区曾经靠马匹劳作，而现在则由狗来干活。

Buck vide alcuni cani provenienti dal Sud, ma la maggior parte erano husky simili a lupi.

巴克看到了一些来自南方的狗，但大多数是像狼一样的哈士奇。

Di notte, puntuali come un orologio, i cani alzavano la voce e cantavano.

入夜后，就像时钟一样，狗儿们开始放声歌唱。

Alle nove, a mezzanotte e di nuovo alle tre, il canto cominciò.

九点、午夜、三点，歌声再次响起。

Buck amava unirsi al loro canto inquietante, selvaggio e antico nel suono.

巴克喜欢加入他们那狂野而古老的怪诞吟唱。

L'aurora fiammeggiava, le stelle danzavano e la neve ricopriva la terra.

极光闪耀，繁星闪烁，白雪覆盖大地。

Il canto dei cani si elevava come un grido contro il silenzio e il freddo pungente.

狗的歌声响起，是对寂静和严寒的呐喊。

Ma il loro urlo esprimeva tristezza, non sfida, in ogni lunga nota.

但他们的嚎叫声中，每一个长音都带着悲伤，而不是反抗。

Ogni lamento era pieno di supplica: il peso stesso della vita.

每一声哀号都充满着恳求；充满着生命本身的重担。

Quella canzone era vecchia, più vecchia delle città e più vecchia degli incendi

这首歌很古老——比城镇更古老，比火更古老

Quel canto era più antico perfino delle voci degli uomini.

那首歌甚至比人类的声音还要古老。

Era una canzone del mondo dei giovani, quando tutte le canzoni erano tristi.

这是一首来自年轻世界的歌曲，那时所有的歌曲都是悲伤的。

La canzone porta con sé il dolore di innumerevoli generazioni di cani.

这首歌承载着无数代狗狗的悲伤。

Buck percepì profondamente la melodia, gemendo per un dolore radicato nei secoli.

巴克深深地感受着这旋律，因根植于岁月的痛苦而呻吟。

Singhiozzava per un dolore antico quanto il sangue selvaggio nelle sue vene.

他因悲伤而抽泣，这种悲伤就像他血管里狂野的血液一样古老。

Il freddo, l'oscurità e il mistero toccarono l'anima di Buck.

寒冷、黑暗和神秘触动了巴克的灵魂。

Quella canzone dimostrava quanto Buck fosse tornato alle sue origini.

那首歌证明了巴克已经回归到他的本源有多远。

Tra la neve e gli ululati aveva trovato l'inizio della sua vita.

在冰雪和嚎叫中，他找到了自己生命的起点。

Sette giorni dopo l'arrivo a Dawson, ripartirono.

抵达道森七天后，他们再次出发。

La squadra si è lanciata dalla caserma fino allo Yukon Trail.

队伍从军营出发，前往育空小道。

Iniziarono il viaggio di ritorno verso Dyea e Salt Water.

他们开始返回戴亚和盐水镇的旅程。

Perrault trasmise dispacci ancora più urgenti di prima.

佩罗传递的急件比以前更加紧急。

Era anche preso dall'orgoglio per la corsa e puntava a stabilire un record.

他也对越野跑感到自豪，并立志要创造一项纪录。

Questa volta Perrault aveva diversi vantaggi.

这一次，佩罗一方占据了多项优势。

I cani avevano riposato per un'intera settimana e avevano ripreso le forze.

狗狗们休息了整整一周，恢复了体力。

La pista che avevano tracciato era ora battuta da altri.

他们开辟出来的小路现在已被其他人踩踏殆尽。

In alcuni punti la polizia aveva immagazzinato cibo sia per i cani che per gli uomini.

在一些地方，警察为狗和人储存了食物。

Perrault viaggiava leggero, si muoveva velocemente e aveva poco a cui aggrapparsi.

佩罗轻装出行，行动迅速，几乎没有什么负担。

La prima sera raggiunsero la Sixty-Mile, una corsa lunga 50 miglia.

第一天晚上，他们就跑到了六十英里，也就是五十英里。

Il secondo giorno risalirono rapidamente lo Yukon in direzione di Pelly.

第二天，他们沿着育空河向佩利进发。

Ma questi grandi progressi comportarono anche molta fatica per François.

但如此好的进步也给弗朗索瓦带来了很大的压力。

La ribellione silenziosa di Buck aveva infranto la disciplina della squadra.

巴克的无声反抗破坏了球队的纪律。

Non si univano più come un'unica bestia al comando.

他们不再像一头野兽一样齐心协力。

Buck aveva spinto altri alla sfida con il suo coraggioso esempio.

巴克以他大胆的榜样带领其他人走向反抗。

L'ordine di Spitz non veniva più accolto con timore o rispetto.

斯皮茨的命令不再受到恐惧或尊重。

Gli altri persero ogni timore reverenziale nei suoi confronti e osarono opporsi al suo governo.

其他人不再敬畏他，并敢于反抗他的统治。

Una notte, Pike rubò mezzo pesce e lo mangiò sotto gli occhi di Buck.

一天晚上，派克偷了半条鱼并在巴克的眼皮底下吃了它。

Un'altra notte, Dub e Joe combatterono contro Spitz e rimasero impuniti.

另一天晚上，杜布和乔与斯皮茨打斗，但并未受到惩罚。

Anche Billee gemette meno dolcemente e mostrò una nuova acutezza.

甚至连比莉的哀嚎也不再那么甜美，反而显得尖刻起来。

Buck ringhiava a Spitz ogni volta che si incrociavano.

每次与斯皮茨相遇，巴克都会对它咆哮。

L'atteggiamento di Buck divenne audace e minaccioso, quasi come quello di un bullo.

巴克的态度变得大胆而具有威胁性，几乎就像一个恶霸。

Camminava avanti e indietro davanti a Spitz con un'andatura spavalda e piena di minaccia beffarda.

他大摇大摆地在斯皮茨面前踱步，眼神里充满了嘲讽和威胁。

Questo crollo dell'ordine si diffuse anche tra i cani da slitta.

秩序的崩溃也蔓延到了雪橇犬之中。

Litigarono e discussero più che mai, riempiendo l'accampamento di rumore.

他们打架、争吵比以前更加频繁，营地里充满了噪音。

Ogni notte la vita nel campeggio si trasformava in un caos selvaggio e ululante.

营地生活每晚都变得狂野、混乱。

Solo Dave e Solleks rimasero fermi e concentrati.

只有戴夫和索莱克斯保持稳定和专注。

Ma anche loro diventarono irascibili a causa delle continue risse.

但即使如此，他们也因不断的争吵而变得脾气暴躁。

François imprecò in lingue strane e batté i piedi per la frustrazione.

弗朗索瓦用奇怪的语言咒骂，并沮丧地跺脚。

Si strappò i capelli e urlò mentre la neve gli volava sotto i piedi.

他一边扯着头发，一边大声喊叫，脚下雪花飞舞。

La sua frusta schioccò contro il gruppo, ma a malapena riuscì a tenerli in riga.

他的鞭子抽打着马群，但几乎没有让它们保持队形。

Ogni volta che voltava le spalle, la lotta ricominciava.

每当他转身，战斗就会再次爆发。

François usò la frusta per Spitz, mentre Buck guidava i ribelli.

弗朗索瓦用鞭子抽打斯皮茨，而巴克则领导叛军。

Ognuno conosceva il ruolo dell'altro, ma Buck evitava di addossare ogni colpa.

每个人都知道对方的角色，但巴克避免承担任何责任。

François non ha mai colto Buck mentre iniziava una rissa o si sottraeva al suo lavoro.

弗朗索瓦从未发现巴克挑起打架或逃避工作。

Buck lavorava duramente ai finimenti: la fatica ora gli dava entusiasmo.

巴克在马具上辛勤劳作——
现在，辛劳让他精神振奋。

Ma trovava ancora più gioia nel fomentare risse e caos nell'accampamento.

但他发现在营地里挑起争斗和混乱更让他开心。

Una sera, alla foce del Tahkeena, Dub spaventò un coniglio.

一天晚上，在塔基纳 (Tahkeena) 的嘴边，杜布 (Dub) 惊吓到了一只兔子。

Mancò la presa e il coniglio con la racchetta da neve balzò via.

他没能抓住雪鞋兔，而雪鞋兔也逃走了。

Nel giro di pochi secondi, l'intera squadra di slitte si lanciò all'inseguimento, gridando a squarciagola.

几秒钟之内，整个雪橇队就发出狂野的叫喊声追了上去。

Nelle vicinanze, un accampamento della polizia del nord-ovest ospitava cinquanta cani husky.

附近的西北警察营地里饲养了五十只哈士奇犬。

Si unirono alla caccia, scendendo insieme il fiume ghiacciato.

他们加入了狩猎，一起顺着冰冻的河流前进。

Il coniglio lasciò il fiume e fuggì lungo il letto ghiacciato di un ruscello.

兔子离开河流，沿着结冰的河床逃走。

Il coniglio saltellava leggero sulla neve mentre i cani si facevano strada a fatica.

兔子在雪地上轻轻跳跃，而狗则艰难地穿过雪地。

Buck guidava l'enorme branco di sessanta cani attorno a ogni curva tortuosa.

巴克带领着这群由六十条狗组成的庞大狗群绕过每一个弯道。

Si spinse in avanti, basso e impaziente, ma non riuscì a guadagnare terreno.

他低着头，急切地向前推进，但却无法取得进展。

Il suo corpo brillava sotto la pallida luna a ogni potente balzo.

每一次有力的跳跃，他的身躯都在苍白的月光下闪动。

Davanti a loro, il coniglio si muoveva come un fantasma, silenzioso e troppo veloce per essere catturato.

前方，兔子像幽灵一样移动，悄无声息，速度快得难以捕捉。

Tutti quei vecchi istinti, la fame, l'eccitazione, attraversarono Buck.

所有这些旧本能——饥饿、刺激——
都涌入巴克的心中。

A volte gli esseri umani avvertono questo istinto e sono spinti a cacciare con armi da fuoco e proiettili.

人类有时会感受到这种本能，驱使人们用枪和子弹去狩猎。

Ma Buck provava questa sensazione a un livello più profondo e personale.

但巴克在更深层次、更个人的层面上感受到了这种感觉。

Non riuscivano a percepire la natura selvaggia nel loro sangue come Buck.

他们无法像巴克那样感受到血液中的野性。

Inseguiva la carne viva, pronto a uccidere con i denti e ad assaggiare il sangue.

他追逐活肉，准备用牙齿杀死并品尝鲜血。

Il suo corpo si tendeva per la gioia, desiderando immergersi nel caldo rosso della vita.

他的身体因喜悦而紧绷，想要沐浴在温暖的红色生命中。

Una strana gioia segna il punto più alto che la vita possa mai raggiungere.

奇异的喜悦标志着生命所能达到的最高点。

La sensazione di raggiungere un picco in cui i vivi dimenticano di essere vivi.

巅峰之感让活着的人忘记自己还活着。

Questa gioia profonda tocca l'artista immerso in un'ispirazione ardente.

这种深深的喜悦，感动了沉浸在炽热灵感中的艺术家。

Questa gioia afferra il soldato che combatte selvaggiamente e non risparmia alcun nemico.

这种喜悦抓住了那些疯狂战斗、不放过任何敌人的士兵。

Questa gioia ora colpì Buck mentre guidava il branco in preda alla fame primordiale.

这种快乐现在占据了巴克的心灵，因为他在原始饥饿中带领着狼群。

Ululò con l'antico grido del lupo, emozionato per l'inseguimento.

他发出古老的狼嚎，为这场活生生的追逐而兴奋不已。

Buck fece appello alla parte più antica di sé, persa nella natura selvaggia.

巴克挖掘出了自己最古老的部分，迷失在荒野之中。

Scavò in profondità dentro di sé, oltre la memoria, fino al tempo grezzo e antico.

他深入内心，回忆过去，进入原始的远古时代。

Un'ondata di vita pura pervase ogni muscolo e tendine.

一股纯净的生命之波，涌遍全身肌肉和肌腱。

Ogni salto gridava che viveva, che attraversava la morte.

他的每一次跳跃都宣告着他活着，他穿越了死亡。

Il suo corpo si librava gioioso su una terra immobile e fredda che non si muoveva mai.

他的身体欢快地飞越那片静止、冰冷、从未动静的土地。

Spitz rimase freddo e astuto anche nei suoi momenti più selvaggi.

即使在最疯狂的时刻，斯皮茨也保持着冷静和狡猾。

Lasciò il sentiero e attraversò un terreno dove il torrente formava una curva ampia.

他离开小路，穿过小溪弯曲的土地。

Buck, ignaro di ciò, rimase sul sentiero tortuoso del coniglio.

巴克对此毫不知情，继续沿着兔子蜿蜒的小路走着。

Poi, mentre Buck svoltava dietro una curva, il coniglio spettrale si trovò davanti a lui.

然后，当巴克转过一个弯道时，那只幽灵般的兔子出现在他面前。

Vide una seconda figura balzare dalla riva precedendo la preda.

他看到第二个身影从河岸上跃起，跑到了猎物的前面。

La figura era Spitz, atterrato proprio sulla traiettoria del coniglio in fuga.

那个身影正是斯皮茨，它正好落在了逃跑的兔子的路径上。

Il coniglio non riuscì a girarsi e incontrò le fauci di Spitz a mezz'aria.

兔子无法转身，在半空中撞上了斯皮茨的下巴。

La spina dorsale del coniglio si spezzò con un grido acuto come il grido di un essere umano morente.

兔子的脊椎断裂了，发出一声如同人类濒死哀嚎般的尖叫。

A quel suono, il passaggio dalla vita alla morte, il branco ululò forte.

听到那声音——从生到死的坠落——

狼群发出了大声的嚎叫。

Un coro selvaggio si levò da dietro Buck, pieno di oscura gioia.

巴克身后响起一阵狂野的合唱，充满阴暗的喜悦。

Buck non emise alcun grido, nessun suono e si lanciò dritto verso Spitz.

巴克没有叫喊，没有发出任何声音，径直向斯皮茨冲去。

Mirò alla gola, ma colpì invece la spalla.

他瞄准的是喉咙，但却击中了肩膀。

Caddero nella neve soffice, i loro corpi erano intrappolati in un combattimento.

他们在柔软的雪地上翻滚；他们的身体扭打在一起。

Spitz balzò in piedi rapidamente, come se non fosse mai stato atterrato.

斯皮茨迅速跳起，仿佛根本就没有被击倒过一样。

Colpì Buck alla spalla e poi balzò fuori dalla mischia.

他砍伤了巴克的肩膀，然后跳开了战斗。

Per due volte i suoi denti schioccarono come trappole d'acciaio, e le sue labbra si arricciarono e si fecero feroci.

他的牙齿像钢陷阱一样咬合了两次，嘴唇猛地卷起。

Arretrò lentamente, cercando un terreno solido sotto i piedi.
他慢慢地后退，寻找脚下坚实的地面。

Buck comprese il momento all'istante e pienamente.
巴克立刻就完全理解了这一刻。

Il momento era giunto: la lotta sarebbe stata una lotta
all'ultimo sangue.
时机已到，这场战斗将是一场你死我活的战斗。

I due cani giravano in cerchio, ringhiando, con le orecchie
piatte e gli occhi socchiusi.
两只狗绕着圈子，咆哮着，耳朵放平，眼睛眯成一条
缝。

Ogni cane aspettava che l'altro mostrasse debolezza o facesse
un passo falso.
每只狗都在等待另一只狗表现出软弱或失误。

Buck percepiva quella scena come stranamente nota e
profondamente ricordata.
对于巴克来说，这个场景感觉异常熟悉，并且记忆深
刻。

I boschi bianchi, la terra fredda, la battaglia al chiaro di luna.
白色的树林，冰冷的大地，月光下的战斗。

Un silenzio pesante, profondo e innaturale riempiva la terra.
大地上弥漫着一种沉重的寂静，深沉而不自然。

Nessun vento si alzava, nessuna foglia si muoveva, nessun
suono rompeva il silenzio.
没有风吹拂，没有树叶摇动，没有任何声音打破寂静
。

Il respiro dei cani si levava come fumo nell'aria gelida e
silenziosa.
狗的呼吸在冰冷、寂静的空气中像烟雾一样升起。

Il coniglio era stato dimenticato da tempo dal branco di
animali selvatici.
这只兔子早已被野兽群遗忘了。

Questi lupi semiaddomesticati ora stavano fermi in un
ampio cerchio.
这些半驯服的狼此刻站成一个大圆圈。

Erano silenziosi, solo i loro occhi luminosi rivelavano la loro
fame.

它们安静下来，只有闪闪发光的眼睛透露出饥饿感。

Il loro respiro saliva, mentre osservavano l'inizio dello
scontro finale.

他们的呼吸向上飘荡，看着最后的战斗开始。

Per Buck questa battaglia era vecchia e attesa, per niente
strana.

对于巴克来说，这场战斗早已习以为常，毫无陌生感
。

Era come il ricordo di qualcosa che doveva accadere da
sempre.

这感觉就像是注定要发生的事情的记忆。

Spitz era un cane da combattimento addestrato, affinato da
innumerevoli risse selvagge.

斯皮茨是一只经过训练的斗犬，经过无数次野外斗殴
的磨练。

Dallo Spitzbergen al Canada, aveva sconfitto molti nemici.

从斯匹次卑尔根到加拿大，他战胜了许多敌人。

Era pieno di rabbia, ma non cedette mai il controllo alla
rabbia.

他心中充满愤怒，但却从不控制自己的愤怒。

La sua passione era acuta, ma sempre temperata dal duro
istinto.

他的热情很强烈，但总是受到坚强本能的缓和。

Non ha mai attaccato finché non ha avuto la sua difesa
pronta.

在他自己的防御到位之前，他绝不会发起攻击。

Buck provò più volte a raggiungere il collo vulnerabile di
Spitz.

巴克一次又一次地尝试去够斯皮茨脆弱的脖子。

Ma ogni colpo veniva accolto da un fendente dei denti
affilati di Spitz.

但每一次攻击都会被斯皮茨锋利的牙齿咬住。

Le loro zanne si scontrarono ed entrambi i cani sanguinarono dalle labbra lacerate.

它们的尖牙相撞，两只狗的嘴唇都被撕裂，鲜血直流。

Nonostante i suoi sforzi, Buck non riusciva a rompere la difesa.

无论巴克如何猛扑，都无法突破防守。

Divenne sempre più furioso e si lanciò verso di lui con violente esplosioni di potenza.

他越发愤怒，爆发出狂野的力量冲了进来。

Buck colpì ripetutamente la bianca gola di Spitz.

巴克一次又一次地攻击斯皮茨的白色喉咙。

Ogni volta Spitz schivava e contrattaccava con un morso tagliente.

每次 Spitz 都会躲避并以猛烈的咬击进行反击。

Poi Buck cambiò tattica, avventandosi di nuovo come se volesse colpirlo alla gola.

然后巴克改变了策略，再次冲向喉咙。

Ma a metà attacco si è ritirato, girandosi per colpire di lato.

但他在进攻中途撤退，转身从侧面发起攻击。

Colpì Spitz con una spallata, con l'intento di buttarlo a terra.

他用肩膀撞向斯皮茨，想将他击倒。

Ogni volta che ci provava, Spitz lo schivava e rispondeva con un fendente.

每次他尝试，斯皮茨都会躲开并用砍刀反击。

La spalla di Buck si faceva scorticare mentre Spitz si liberava dopo ogni colpo.

每次击中斯皮茨后，他都会跳起来，而巴克的肩膀则变得疼痛。

Spitz non era stato toccato, mentre Buck sanguinava dalle numerose ferite.

斯皮茨毫发无损，而巴克却多处受伤流血。

Il respiro di Buck era affannoso e pesante, il suo corpo era viscido di sangue.

巴克的呼吸急促而沉重，他的身上沾满了鲜血。

La lotta diventava più brutale a ogni morso e carica.

随着每一次咬伤和冲锋，战斗变得更加残酷。

Attorno a loro, sessanta cani silenziosi aspettavano che il primo cadesse.

在它们周围，六十只狗静静地等待着第一只狗倒下。

Se un cane fosse caduto, il branco avrebbe posto fine alla lotta.

只要有一只狗倒下，整群狗就会结束这场战斗。

Spitz vide Buck indebolirsi e cominciò ad attaccare.

斯皮茨看到巴克逐渐虚弱，便开始发起攻击。

Mantenne Buck sbilanciato, costringendolo a lottare per restare in piedi.

他让巴克失去平衡，迫使他奋力站立。

Una volta Buck inciampò e cadde, e tutti i cani si rialzarono.

有一次，巴克绊倒了，所有的狗都站了起来。

Ma Buck si raddrizzò a metà caduta e tutti ricaddero.

但巴克在下落过程中恢复了平衡，所有人都再次沉了下去。

Buck aveva qualcosa di raro: un'immaginazione nata da un profondo istinto.

巴克拥有一种罕见的东西——
源于深层本能的想象力。

Combatté per istinto naturale, ma combatté anche con astuzia.

他凭借天生的斗志战斗，但也凭借狡猾的手段战斗。

Tornò ad attaccare come se volesse ripetere il trucco dell'attacco alla spalla.

他再次冲锋，仿佛在重复他的肩部攻击技巧。

Ma all'ultimo secondo si abbassò e passò sotto Spitz.

但在最后一秒，他俯冲下来并从斯皮茨下方掠过。

I suoi denti si bloccarono sulla zampa anteriore sinistra di Spitz con uno schiocco.

他的牙齿猛地咬住了斯皮茨的左前腿。

Spitz ora era instabile e il suo peso gravava solo su tre zampe.

斯皮茨现在站不稳，他的体重只靠三条腿支撑。

Buck colpì di nuovo e tentò tre volte di atterrarlo.

巴克再次发起攻击，三次试图将他击倒。

Al quarto tentativo ha usato la stessa mossa con successo

第四次尝试时，他使用同样的动作成功了

Questa volta Buck riuscì a mordere la zampa destra di Spitz.

这次巴克成功咬住了斯皮茨的右腿。

Spitz, benché storpio e in agonia, continuò a lottare per sopravvivere.

斯皮茨虽然残疾且痛苦不堪，但仍在为生存而努力奋斗。

Vide il cerchio degli husky stringersi, con le lingue fuori e gli occhi luminosi.

他看到一群哈士奇围成一圈，舌头伸出，眼睛闪闪发光。

Aspettarono di divorarlo, proprio come avevano fatto con gli altri.

他们等着吞噬他，就像他们对其他人所做的那样。

Questa volta era lui al centro, sconfitto e condannato.

这一次，他站在了中心，失败了，注定要失败。

Ormai il cane bianco non aveva più alcuna possibilità di fuga.

白狗现在已经没有逃跑的选择。

Buck non mostrò alcuna pietà, perché la pietà non era a posto nella natura selvaggia.

巴克毫不留情，因为野性中不存在怜悯。

Buck si mosse con cautela, preparandosi per la carica finale.

巴克小心翼翼地移动，准备发起最后的冲锋。

Il cerchio degli husky si stringeva; lui sentiva i loro respiri caldi.

哈士奇们围成一圈，他感觉到它们温暖的呼吸。

Si accovacciarono, pronti a scattare quando fosse giunto il momento.

他们蹲下身子，准备在时机成熟时跳起。

Spitz tremava nella neve, ringhiando e cambiando posizione.

斯皮茨在雪地里颤抖着，咆哮着，不断改变着姿势。

I suoi occhi brillavano, le labbra si arricciavano, i denti brillavano in un'espressione disperata e minacciosa.

他双眼怒视，嘴唇撇着，露出牙齿，露出绝望的威胁表情。

Barcollò, cercando ancora di resistere al freddo morso della morte.

他踉跄着，仍然试图抵挡死亡的冰冷咬咬。

Aveva già visto situazioni simili, ma sempre dalla parte dei vincitori.

他以前也见过这种情况，但总是从胜利者的角度看。

Ora era dalla parte perdente; lo sconfitto; la preda; la morte.

现在他站在了失败的一方；被击败的一方；猎物；死亡的一方。

Buck si preparò al colpo finale, mentre il cerchio dei cani si faceva sempre più stretto.

巴克绕圈准备发动最后一击，而狗群则围得更紧了。

Poteva sentire i loro respiri caldi; erano pronti a uccidere.

他能感觉到他们灼热的呼吸；准备杀戮。

Calò il silenzio; tutto era al suo posto; il tempo si era fermato.

一切都安静下来；一切都恢复了原状；时间停止了。

Persino l'aria fredda tra loro si congelò per un ultimo istante.

就连两人之间冰冷的空气，也在最后一刻凝固了。

Soltanto Spitz si mosse, cercando di trattenere la sua fine amara.

只有斯皮茨还在动，试图阻止自己走向痛苦的结局。

Il cerchio dei cani si stava stringendo attorno a lui, come era suo destino.

一群狗正在向他逼近，他的命运也随之终结。

Ora era disperato, sapendo cosa stava per accadere.

他现在很绝望，知道即将发生什么。

Buck balzò dentro e la sua spalla incontrò la sua spalla per l'ultima volta.

巴克跳了进来，最后一次肩膀碰了碰。

I cani si lanciarono in avanti, nascondendo Spitz nell'oscurità della neve.

狗群猛扑上前，将斯皮茨笼罩在雪白的黑暗之中。

Buck osservava, eretto e fiero; il vincitore in un mondo selvaggio.

巴克昂首挺胸地注视着这一切；他是野蛮世界中的胜利者。

La bestia primordiale dominante aveva fatto la sua uccisione, e la aveva fatta bene.

占主导地位的原始野兽已经杀死了猎物，这很好。

Colui che ha conquistato la maestria
他，赢得了大师的地位

"Eh? Cosa ho detto? Dico la verità quando dico che Buck è un diavolo."

"呃？我说什么了？我说巴克是个魔鬼，这话可是对的。"

François raccontò questo la mattina dopo aver scoperto la scomparsa di Spitz.

第二天早上，弗朗索瓦发现斯皮茨失踪后说了这句话。

Buck rimase lì, coperto di ferite causate dal violento combattimento.

巴克站在那里，浑身是激烈打斗造成的伤口。

François tirò Buck vicino al fuoco e indicò le ferite.

弗朗索瓦把巴克拉到火堆旁，指着伤口。

«Quello Spitz ha combattuto come il Devik», disse Perrault, osservando i profondi tagli.

"那只斯皮茨的战斗力就像德维克一样，"佩罗看着深深的伤口说道。

«E quel Buck si batteva come due diavoli», rispose subito François.

"巴克打起来就像两个魔鬼一样，"弗朗索瓦立刻回答道。

"Ora faremo buon passo; niente più Spitz, niente più guai."

"现在我们可以顺利度过，不再有斯皮茨，不再有麻烦了。"

Perrault stava preparando l'attrezzatura e caricò la slitta con cura.

佩罗正在打包装备并小心翼翼地装载雪橇。

François bardò i cani per prepararli alla corsa della giornata.

弗朗索瓦给狗套上挽具，为一天的奔跑做准备。

Buck trotterellò dritto verso la posizione di testa, precedentemente occupata da Spitz.

巴克径直小跑到斯皮茨曾经占据的领先位置。

Ma François, senza accorgersene, condusse Solleks in prima linea.

但弗朗索瓦没有注意到，带领索莱克斯走向了前线。

Secondo François, Solleks era ora il miglior cane da corsa.

在弗朗索瓦看来，索莱克斯现在是最好的领头犬。

Buck si scagliò furioso contro Solleks e lo respinse indietro in segno di protesta.

巴克愤怒地向索莱克斯扑去，并把他赶了回去以示抗议。

Si fermò dove un tempo si era fermato Spitz, rivendicando la posizione di comando.

他站在斯皮茨曾经站过的地方，占据领先位置。

"Eh? Eh?" esclamò François, dandosi una pacca sulle cosce divertito.

"啊？啊？"弗朗索瓦叫道，高兴地拍着大腿。

"Guarda Buck: ha ucciso Spitz, ora vuole prendersi il posto!"

"看看巴克——

他杀了斯皮茨，现在他想接手这份工作！"

"Vattene via, Chook!" urlò, cercando di scacciare Buck.

"走开，Chook！"他大喊，试图把巴克赶走。

Ma Buck si rifiutò di muoversi e rimase immobile nella neve.

但巴克拒绝移动，坚定地站在雪地里。

François afferrò Buck per la collottola e lo trascinò da parte.

弗朗索瓦抓住巴克的颈背，把他拖到一边。

Buck ringhiò basso e minaccioso, ma non attaccò.

巴克低声发出威胁性的咆哮声，但并没有发起攻击。

François rimette Solleks in testa, cercando di risolvere la disputa

弗朗索瓦让索莱克斯重新领先，试图解决争端

Il vecchio cane mostrò paura di Buck e non voleva restare.

老狗对巴克表现出恐惧，不想留下来。

Quando François gli voltò le spalle, Buck scacciò di nuovo Solleks.

当弗朗索瓦转身时，巴克再次把索莱克斯赶了出去。

Solleks non oppose resistenza e si fece di nuovo da parte in silenzio.

索莱克斯没有反抗，再次悄悄地走到了一边。

François si arrabbiò e urlò: "Per Dio, ti sistemo!"

弗朗索瓦非常生气，大声喊道："上帝啊，我要解决掉你！"

Si avvicinò a Buck tenendo in mano una pesante mazza.

他手里拿着一根沉重的棍棒向巴克走来。

Buck ricordava bene l'uomo con il maglione rosso.

巴克清楚地记得那个穿红毛衣的男人。

Si ritirò lentamente, osservando François ma ringhiando profondamente.

他慢慢地后退，注视着弗朗索瓦，但发出低沉的咆哮声。

Non si affrettò a tornare indietro, nemmeno quando Solleks si mise al suo posto.

即使索莱克斯站在他的位置上，他也没有急忙后退。

Buck si girò in cerchio, appena fuori dalla sua portata, ringhiando furioso e protestando.

巴克在它够不着的地方绕了一圈，愤怒地咆哮着表示抗议。

Teneva gli occhi fissi sulla mazza, pronto a schivare il colpo se François l'avesse lanciata.

他一直盯着球杆，准备在弗朗索瓦扔球时躲避。

Era diventato saggio e cauto nei confronti degli uomini che maneggiavano le armi.

他已经变得聪明并且对持有武器的人的行为更加谨慎。

François si arrese e chiamò di nuovo Buck al suo vecchio posto.

弗朗索瓦放弃了，再次把巴克叫到原来的地方。

Ma Buck fece un passo indietro con cautela, rifiutandosi di obbedire all'ordine.

但巴克小心翼翼地后退，拒绝服从命令。

François lo seguì, ma Buck indietreggiò solo di pochi passi.
弗朗索瓦跟了上去，但巴克只是后退了几步。

Dopo un po' François gettò a terra l'arma, frustrato.
过了一会儿，弗朗索瓦沮丧地扔掉了武器。

Pensava che Buck avesse paura di essere picchiato e che avrebbe fatto lo stesso senza far rumore.
他以为巴克害怕挨打，所以会悄悄地走过去。

Ma Buck non stava evitando la punizione: stava lottando per ottenere un rango.
但巴克并没有逃避惩罚——他是在为地位而战。

Si era guadagnato il posto di capobranco combattendo fino alla morte
他通过一场殊死搏斗赢得了领头狗的位置

non si sarebbe accontentato di niente di meno che di essere il leader.
他不会满足于成为领导者以外的任何角色。

Perrault si unì all'inseguimento per aiutare a catturare il ribelle Buck.
佩罗参与了追捕，帮助抓住了叛逆的巴克。

Insieme lo portarono in giro per l'accampamento per quasi un'ora.
他们一起带着他在营地里跑了将近一个小时。

Gli scagliarono contro dei bastoni, ma Buck li schivò abilmente uno per uno.
他们向他扔棍棒，但巴克巧妙地躲开了每一个棍棒。

Maledissero lui, i suoi antenati, i suoi discendenti e ogni suo capello.
他们咒骂他、咒骂他的祖先、咒骂他的后代、咒骂他身上的每一根头发。

Ma Buck si limitò a ringhiare e a restare appena fuori dalla loro portata.
但巴克只是咆哮着回应，并待在他们够不着的地方。

Non cercò mai di scappare, ma continuò a girare intorno all'accampamento deliberatamente.

他从未试图逃跑，而是故意绕着营地转。

Disse chiaramente che avrebbe obbedito una volta ottenuto ciò che voleva.

他明确表示，一旦他们满足了他的要求，他就会服从。

Alla fine François si sedette e si grattò la testa, frustrato.

弗朗索瓦终于坐下来，沮丧地挠了挠头。

Perrault controllò l'orologio, imprecò e borbottò qualcosa sul tempo perso.

佩罗看了看手表，咒骂着，嘟囔着浪费了时间。

Era già trascorsa un'ora, mentre avrebbero dovuto essere sulle tracce.

本来应该上路的他们，现在已经过去了一个小时了。

François alzò le spalle timidamente, guardando il corriere, che sospirò sconfitto.

弗朗索瓦不好意思地对信使耸了耸肩，信使无奈地叹了口气。

Poi François si avvicinò a Solleks e chiamò ancora una volta Buck.

然后弗朗索瓦走到索莱克斯身边，再次呼唤巴克。

Buck rise come ride un cane, ma mantenne una cauta distanza.

巴克像狗一样笑，但仍然保持着谨慎的距离。

François tolse l'imbracatura a Solleks e lo rimise al suo posto.

弗朗索瓦解下了索莱克斯的安全带，并将他放回原位。

La squadra di slittini era completamente imbracata, con un solo posto libero.

雪橇队已全部装备完毕，只有一个位置空着。

La posizione di comando rimase vuota, chiaramente riservata solo a Buck.

领先位置仍然空着，显然是留给巴克一个人的。

François chiamò di nuovo e di nuovo Buck rise e mantenne la sua posizione.

弗朗索瓦再次叫道，巴克再次大笑并坚守阵地。

«Gettate giù la mazza», ordinò Perrault senza esitazione.

"把棍棒扔下去。" 佩罗毫不犹豫地命令道。

François obbedì e Buck si lanciò subito avanti con orgoglio.

弗朗索瓦服从了，巴克立即骄傲地向前小跑。

Rise trionfante e assunse la posizione di comando.

他得意地大笑起来，走上领头的位置。

François fissò le corde e la slitta si staccò.

弗朗索瓦固定住了牵引绳，雪橇松开了。

Entrambi gli uomini corsero fianco a fianco mentre la squadra si lanciava lungo il sentiero del fiume.

当队伍冲向河边小道时，两人都并肩奔跑。

François aveva avuto una grande stima dei "due diavoli" di Buck,

弗朗索瓦对巴克的 "两个魔鬼" 评价很高，

ma ben presto si rese conto di aver in realtà sottovalutato il cane.

但他很快意识到自己其实低估了这只狗。

Buck assunse rapidamente la leadership e si comportò in modo eccellente.

巴克很快就承担起了领导责任，并表现出色。

Buck superò Spitz per capacità di giudizio, rapidità di pensiero e rapidità di azione.

在判断力、敏捷思维和快速行动方面，巴克超越了斯皮茨。

François non aveva mai visto un cane pari a quello che Buck mostrava ora.

弗朗索瓦从来没有见过一只狗能像巴克现在表现的那样。

Ma Buck eccelleva davvero nel far rispettare l'ordine e nel imporre rispetto.

但巴克在维持秩序和赢得尊重方面确实表现出色。

Dave e Solleks accettarono il cambiamento senza preoccupazioni o proteste.

戴夫和索莱克斯毫无顾虑或抗议地接受了这一改变。

Si concentravano solo sul lavoro e tiravano forte le redini.

他们只专注于工作并全力以赴。

A loro importava poco chi guidasse, purché la slitta continuasse a muoversi.

他们并不关心谁领先，只要雪橇能够继续前进就行。

Billee, quella allegra, avrebbe potuto comandare per quel che volevano.

比莉，性格开朗，本来可以担任领导，至于他们关心的是什么，那就由她来吧。

Ciò che contava per loro era la pace e l'ordine tra i ranghi.

对他们来说，重要的是军队的和平与秩序。

Il resto della squadra era diventato indisciplinato durante il declino di Spitz.

在斯皮茨状态下滑期间，球队的其他成员也变得难以管教。

Rimasero scioccati quando Buck li riportò immediatamente all'ordine.

当巴克立即让他们安静下来时，他们震惊了。

Pike era sempre stato pigro e aveva sempre tergiversato dietro a Buck.

派克总是很懒，总是跟在巴克后面。

Ma ora è stato severamente disciplinato dalla nuova leadership.

但现在却受到了新领导层的严厉惩戒。

E imparò rapidamente a dare il suo contributo alla squadra.

他很快就学会了在团队中发挥自己的作用。

Alla fine della giornata, Pike lavorò più duramente che mai.

到了这一天结束时，派克比以前更加努力地工作。

Quella notte all'accampamento, Joe, il cane scontroso, fu finalmente domato.

那天晚上在营地里，乔这只脾气暴躁的狗终于被制服了。

Spitz non era riuscito a disciplinarlo, ma Buck non aveva fallito.

斯皮茨未能管教好他，但巴克并没有失败。

Sfruttando il suo peso maggiore, Buck sopraffece Joe in pochi secondi.

巴克利用自己更强大的体重，在几秒钟内就制服了乔。

Morse e picchiò Joe finché questi non si mise a piagnucolare e smise di opporre resistenza.

他不断咬乔，殴打他，直到乔呜咽一声并停止反抗。

Da quel momento in poi l'intera squadra migliorò.

从那一刻起，整个团队都进步了。

I cani ritrovarono la loro antica unità e disciplina.

狗又恢复了往日的团结和纪律。

A Rink Rapids si sono uniti al gruppo due nuovi husky autoctoni, Teek e Koona.

在 Rink Rapids，两只新的本地哈士奇犬 Teek 和 Koona 加入了我们。

La rapidità con cui Buck li addestramento stupì perfino François.

巴克对它们的快速训练甚至让弗朗索瓦感到惊讶。

"Non è mai esistito un cane come quel Buck!" esclamò stupito.

"从来没有过像巴克这样的狗！" 他惊讶地喊道。

"No, mai! Vale mille dollari, per Dio!"

"不，绝对不！他值一千美元，我的天哪！"

"Eh? Che ne dici, Perrault?" chiese con orgoglio.

"嗯？你说什么，佩罗？" 他骄傲地问道。

Perrault annuì in segno di assenso e controllò i suoi appunti.

佩罗点头表示同意，并查看了他的笔记。

Siamo già in anticipo sui tempi e guadagniamo sempre di più ogni giorno.

我们已经提前完成了计划，并且每天都有收获。

Il sentiero era compatto e liscio, senza neve fresca.

小路坚硬而平坦，没有新雪。

Il freddo era costante, con temperature che si aggiravano sempre sui cinquanta gradi sotto zero.

天气持续寒冷，气温始终徘徊在零下五十度左右。

Per scaldarsi e guadagnare tempo, gli uomini si alternavano a cavallo e a correre.

男人们轮流骑马和跑步以保持温暖并节省时间。

I cani correvano veloci, fermandosi di rado, spingendosi sempre in avanti.

狗跑得很快，很少停下来，一直向前跑。

Il fiume Thirty Mile era per la maggior parte ghiacciato e facile da attraversare.

三十英里河大部分已结冰，通行十分方便。

In un giorno realizzarono ciò che per arrivare aveva impiegato dieci giorni.

他们用一天的时间就完成了十天前才完成的工作。

Percorsero circa 96 chilometri dal lago Le Barge a White Horse.

他们从勒巴日湖 (Lake Le Barge) 出发，奔跑了 60 英里到达白马湖 (White Horse)。

Si muovevano a velocità incredibile attraverso i laghi Marsh, Tagish e Bennett.

它们以惊人的速度穿越马什湖、塔吉什湖和贝内特湖。

L'uomo che correva veniva trainato dietro la slitta con una corda.

奔跑的人被一根绳子拖在雪橇后面。

L'ultima notte della seconda settimana giunsero a destinazione.

第二周的最后一晚，他们到达了目的地。

Insieme avevano raggiunto la cima del White Pass.

他们一起到达了白山口的顶峰。

Scesero fino al livello del mare, con le luci dello Skaguay sotto di loro.

他们下降到海平面，斯卡圭的灯光在他们下方。

Era stata una corsa da record attraverso chilometri di fredda natura selvaggia.

这是一次穿越数英里寒冷荒野的创纪录的奔跑。

Per quattordici giorni di fila percorsero in media circa quaranta miglia.

连续十四天，他们平均行走四十英里。

A Skaguay, Perrault e François trasportavano merci attraverso la città.

在斯卡圭，佩罗和弗朗索瓦将货物运送到镇上。

Furono applauditi e ricevettero numerose bevande dalla folla ammirata.

崇拜的人群为他们欢呼，并为他们提供了很多饮料。

I cacciatori di cani e gli operai si sono riuniti attorno alla famosa squadra cinofila.

缉毒人员和工作人员聚集在这支著名的狗队周围。

Poi i fuorilegge del West giunsero in città e subirono una violenta sconfitta.

随后西方歹徒来到该镇并遭到惨败。

La gente si dimenticò presto della squadra e si concentrò sul nuovo dramma.

人们很快就忘记了这支球队，而把注意力集中在新的戏剧上。

Poi arrivarono i nuovi ordini che cambiarono tutto in un colpo.

随后，新的命令下达，一切都立刻发生了改变。

François chiamò Buck e lo abbracciò con orgoglio e lacrime.

弗朗索瓦把巴克叫到身边，满含泪水，自豪地拥抱了他。

Quel momento fu l'ultima volta che Buck vide di nuovo François.

那一刻是巴克最后一次见到弗朗索瓦。

Come molti altri uomini prima di lui, sia François che Perrault se n'erano andati.

和之前的许多人一样，弗朗索瓦和佩罗都去世了。

Un meticcio scozzese si prese cura di Buck e dei suoi compagni di squadra con i cani da slitta.

一名苏格兰混血儿负责照顾巴克和他的雪橇犬队友。

Con una dozzina di altre mute di cani, ritornarono lungo il sentiero fino a Dawson.

他们与其他十几支狗队一起沿着小路返回道森。

Non si trattava più di una corsa veloce, ma solo di un duro lavoro con un carico pesante ogni giorno.

现在不再是快速奔跑，而是每天辛苦劳作、负重前行。

Si trattava del treno postale che portava notizie ai cercatori d'oro vicino al Polo.

这是邮政列车，为北极附近的淘金者带来消息。

Buck non amava il lavoro, ma lo sopportò bene, essendo orgoglioso del suo impegno.

巴克不喜欢这项工作，但他很好地忍受了下来，并为他的努力感到自豪。

Come Dave e Solleks, Buck dimostrava dedizione in ogni compito quotidiano.

和戴夫和索莱克斯一样，巴克对每一项日常任务都表现出极大的热情。

Si è assicurato che tutti i suoi compagni di squadra dessero il massimo.

他确保每个队友都尽到自己的责任。

La vita sui sentieri divenne noiosa e si ripeteva con la precisione di una macchina.

小径生活变得枯燥乏味，像机器一样精确地重复着。

Ogni giorno era uguale, una mattina si fondeva con quella successiva.

每天的感觉都一样，一个早晨与下一个早晨融为一体。

Alla stessa ora, i cuochi si alzarono per accendere il fuoco e preparare il cibo.

同一时间，厨师们起床生火准备食物。

Dopo colazione alcuni lasciarono l'accampamento mentre altri attaccarono i cani.

早餐后，一些人离开营地，另一些人给狗牵上挽具。

Raggiunsero il sentiero prima che il pallido segnale dell'alba sfiorasse il cielo.

在黎明的微弱曙光尚未出现之前，他们就踏上了旅程。

Di notte si fermavano per accamparsi, e a ogni uomo veniva assegnato un compito.

入夜后，他们停下来扎营，每个人都肩负着固定的职责。

Alcuni montarono le tende, altri tagliarono la legna da ardere e raccolsero rami di pino.

一些人搭起帐篷，其他人砍柴并收集松枝。

Acqua o ghiaccio venivano portati ai cuochi per la cena serale.

水或冰被带回给厨师，供他们做晚餐。

I cani vennero nutriti e per loro quello fu il momento migliore della giornata.

狗狗们吃饱了，这是它们一天中最美好的时光。

Dopo aver mangiato il pesce, i cani si rilassarono e oziarono vicino al fuoco.

吃完鱼后，狗狗们就在火堆旁放松休息。

Nel convoglio c'erano un centinaio di altri cani con cui socializzare.

车队中还有一百只狗可以混在一起。

Molti di quei cani erano feroci e pronti a combattere senza preavviso.

许多狗都很凶猛，而且会毫无预警地打架。

Ma dopo tre vittorie, Buck riuscì a domare anche i combattenti più feroci.

但在三次胜利之后，巴克甚至战胜了最凶猛的战士。

Ora, quando Buck ringhiò e mostrò i denti, loro si fecero da parte.

现在，当巴克咆哮并露出牙齿时，他们就闪到一边。

Forse la cosa più bella di tutte era che a Buck piaceva sdraiarsi vicino al fuoco tremolante.

也许最重要的是，巴克喜欢躺在摇曳的篝火旁。

Si accovacciò, con le zampe posteriori ripiegate e quelle anteriori distese in avanti.

他蹲下，后腿蜷缩，前腿向前伸直。

Teneva la testa sollevata e sbatteva dolcemente le palpebre verso le fiamme ardenti.

他抬起头，对着炽热的火焰轻轻眨了眨眼。

A volte ricordava la grande casa del giudice Miller a Santa Clara.

有时他会回忆起米勒法官在圣克拉拉的大房子。

Pensò alla piscina di cemento, a Ysabel e al carlino di nome Toots.

他想起了水泥池、伊莎贝尔和那只名叫图茨的哈巴狗。

Ma più spesso si ricordava del bastone dell'uomo con il maglione rosso.

但他更多时候想起的是那个穿红毛衣的男人的棍棒。

Ricordava la morte di Curly e la sua feroce battaglia con Spitz.

他记得卷毛的死，以及他与斯皮茨的激烈战斗。

Ricordava anche il buon cibo che aveva mangiato o che ancora sognava.

他还回忆起曾经吃过或至今仍梦想着的美食。

Buck non aveva nostalgia di casa: la valle calda era lontana e irreale.

巴克并不想家——温暖的山谷遥远而不真实。

I ricordi della California non avevano più alcun fascino su di lui.

加利福尼亚的记忆对他不再有任何真正的吸引力。

Più forti della memoria erano gli istinti radicati nella sua stirpe.

比记忆更强大的是他血液深处的本能。

Le abitudini un tempo perdute erano tornate, ravvivate dal sentiero e dalla natura selvaggia.

曾经失去的习惯又回来了，在小路和荒野中重新焕发活力。

Mentre Buck osservava la luce del fuoco, a volte questa diventava qualcos'altro.

当巴克注视着火光时，它有时会变成别的东西。

Vide alla luce del fuoco un altro fuoco, più vecchio e più profondo di quello attuale.

他在火光中看到了另一团火，比现在的火更古老、更深沉。

Accanto all'altro fuoco era accovacciato un uomo che non somigliava per niente al cuoco meticcio.

在那堆火旁边蹲着一个男人，与那个混血厨师不同。

Questa figura aveva gambe corte, braccia lunghe e muscoli duri e contratti.

这个人的腿很短，手臂很长，肌肉坚硬而紧绷。

I suoi capelli erano lunghi e arruffati, e gli scendevano all'indietro a partire dagli occhi.

他的头发又长又乱，从眼睛处向后倾斜。

Emetteva strani suoni e fissava l'oscurità con paura.

他发出奇怪的声音并恐惧地盯着黑暗。

Teneva bassa una mazza di pietra, stretta saldamente nella sua mano lunga e ruvida.

他低手握着一根石棒，用他那只粗糙的长手紧紧地握着。

L'uomo indossava ben poco: solo una pelle carbonizzata che gli pendeva lungo la schiena.

这个人穿得很少；只有一层烧焦的皮肤垂在背上。

Il suo corpo era ricoperto da una folta peluria sulle braccia, sul petto e sulle cosce.

他的手臂、胸部和大腿上长满了浓密的毛发。

Alcune parti del pelo erano aggrovigliate e formavano chiazze di pelo ruvido.

有些部分的毛发缠结成一片片粗糙的毛皮。

Non stava dritto, ma era piegato in avanti dai fianchi alle ginocchia.

他没有站直，而是从臀部到膝盖向前弯曲。

I suoi passi erano elastici e felini, come se fosse sempre pronto a scattare.

他的步伐轻快，像猫一样，仿佛随时准备跳跃。

C'era una forte allerta, come se vivesse nella paura costante.

他高度警惕，仿佛生活在持续的恐惧之中。

Quest'uomo anziano sembrava aspettarsi il pericolo, indipendentemente dal fatto che questo venisse visto o meno.

这位老人似乎预料到了危险，无论是否看到了危险。

A volte l'uomo peloso dormiva accanto al fuoco, con la testa tra le gambe.

有时，这个毛茸茸的男人会睡在火堆旁，头埋在两腿之间。

Teneva i gomiti sulle ginocchia e le mani giunte sopra la testa.

他的手肘放在膝盖上，双手交叉放在头顶。

Come un cane, usava le sue braccia pelose per proteggersi dalla pioggia che cadeva.

他像狗一样用毛茸茸的手臂甩掉落下的雨水。

Oltre la luce del fuoco, Buck vide due carboni ardenti che ardevano nell'oscurità.

在火光的远处，巴克看到两块煤在黑暗中闪闪发光。

Sempre a due a due, erano gli occhi delle bestie da preda.

它们总是成双成对，就像潜行的猛兽的眼睛。

Sentì corpi che si infrangevano tra i cespugli e rumori provenienti dalla notte.

他听到了尸体撞破灌木丛的声音和夜晚发出的声音。

Sdraiato sulla riva dello Yukon, sbattendo le palpebre, Buck sognò accanto al fuoco.

巴克躺在育空河岸上，眨着眼睛，在火堆旁做着梦。

Le immagini e i suoni di quel mondo selvaggio gli fecero rizzare i capelli.

那个狂野世界的景象和声音让他毛骨悚然。

La pelliccia gli si drizzò lungo la schiena, sulle spalle e sul collo.

毛发沿着他的背部、肩膀和脖子向上生长。

Gemeva piano o emetteva un ringhio basso dal profondo del petto.

他轻轻地呜咽着，或者从胸腔深处发出低沉的咆哮声。

Allora il cuoco meticcio urlò: "Ehi, Buck, svegliati!"

这时，混血厨师喊道："嘿，巴克，你醒醒！"

Il mondo dei sogni svanì e la vera vita tornò agli occhi di Buck.

梦境消失了，现实生活又回到了巴克的眼前。

Si sarebbe alzato, si sarebbe stiracchiato e avrebbe sbadigliato, come se si fosse svegliato da un pisolino.

他要起身、伸伸懒腰、打个哈欠，就像刚从午睡中醒来一样。

Il viaggio era duro, con la slitta postale che li trascinava dietro.

这次旅行非常艰难，因为后面拖着邮件雪橇。

Carichi pesanti e lavoro duro sfinivano i cani ogni lunga giornata.

每天漫长的时光里，沉重的负担和艰苦的工作让狗精疲力竭。

Arrivarono a Dawson magro, stanco e con bisogno di più di una settimana di riposo.

他们到达道森时已经又瘦又累，需要休息一个多星期。

Ma solo due giorni dopo ripartirono per lo Yukon.

但仅仅两天后，他们就再次踏上了育空河之旅。

Erano carichi di altre lettere dirette al mondo esterno.

船上装载着更多发往外界的信件。

I cani erano esausti e gli uomini si lamentavano in continuazione.

狗已经筋疲力尽，而男人们也不断抱怨。

Ogni giorno cadeva la neve, ammorbidendo il sentiero e rallentando le slitte.

每天都会下雪，导致雪道变软，雪橇的速度变慢。

Ciò rendeva la trazione più dura e aumentava la resistenza delle guide.

这使得拉动变得更加困难，并且对跑步者的阻力也更大。

Nonostante ciò, i piloti si sono dimostrati leali e hanno avuto cura delle loro squadre.

尽管如此，车手们还是很公平并且关心他们的车队。

Ogni notte, i cani venivano nutriti prima che gli uomini mangiassero.

每天晚上，狗都会在男人们吃饭之前先吃饱。

Nessun uomo dormiva prima di controllare le zampe del proprio cane.

没有人会在睡觉前检查自己狗的脚。

Tuttavia, i cani diventavano sempre più deboli man mano che i chilometri consumavano i loro corpi.

然而，随着长途跋涉，狗的身体变得越来越虚弱。

Avevano viaggiato per milleottocento miglia durante l'inverno.

整个冬天他们已经旅行了一千八百英里。

Percorrevano ogni miglio di quella distanza brutale trainando le slitte.

他们拉着雪橇走过那段残酷的距离的每一英里。

Anche i cani da slitta più resistenti provano tensione dopo tanti chilometri.

即使是最强壮的雪橇犬，在跑了这么长的距离之后也会感到疲惫。

Buck tenne duro, fece sì che la sua squadra lavorasse e mantenne la disciplina.

巴克坚持了下来，让团队继续工作，并保持纪律。

Ma Buck era stanco, proprio come gli altri durante il lungo viaggio.

但是巴克很累，就像其他长途旅行的人一样。

Billee piagnucolava e piangeva nel sonno ogni notte, senza sosta.

比利每晚都会在睡梦中呜咽哭泣。

Joe diventò ancora più amareggiato e Solleks rimase freddo e distante.

乔变得更加痛苦，而索莱克斯则变得冷漠而疏远。

Ma è stato Dave a soffrire di più di tutta la squadra.

但在整个团队中，戴夫的受害最为严重。

Qualcosa dentro di lui era andato storto, anche se nessuno sapeva cosa.

他内心出了问题，但没人知道是什么。

Divenne più lunatico e aggredì gli altri con rabbia crescente.

他变得越来越喜怒无常，并且越来越愤怒地对别人厉声斥责。

Ogni notte andava dritto al suo nido, in attesa di essere nutrito.

每天晚上，他都会直接回到自己的巢穴，等待喂食。

Una volta a terra, Dave non si alzò più fino al mattino.

倒下之后，戴夫直到早上才再次起床。

Sulle redini, gli improvvisi strattoni o sussulti lo facevano gridare di dolore.

缰绳突然猛地一拉或一震，就会让他痛得大叫。

L'autista ha cercato di capirne la causa, ma non ha trovato ferite.

他的司机寻找事故原因，但未发现他受伤。

Tutti gli autisti cominciarono a osservare Dave e a discutere del suo caso.

所有司机都开始关注戴夫并讨论他的情况。

Parlarono durante i pasti e durante l'ultima sigaretta della giornata.

他们在吃饭时和一天中最后抽烟时聊天。

Una notte tennero una riunione e portarono Dave al fuoco.

一天晚上，他们开了个会，并把戴夫带到了火堆旁。

Gli premevano e palpavano il corpo e lui gridava spesso.

他们按压、检查他的身体，他经常哭喊。

Era evidente che qualcosa non andava, anche se non
sembrava esserci nessuna frattura.

显然，有些地方出了问题，尽管骨头似乎没有断裂。

Quando arrivarono al Cassiar Bar, Dave stava cadendo.

当他们到达卡西亚酒吧时，戴夫已经倒下了。

Il meticcio scozzese impose uno stop e rimosse Dave dalla
squadra.

这位苏格兰混血儿叫停了比赛，并将戴夫从球队中除
名。

Fissò Solleks al posto di Dave, il più vicino possibile alla
parte anteriore della slitta.

他把索莱克斯固定在戴夫的位置上，靠近雪橇的前部
。

Voleva lasciare che Dave riposasse e corresse libero dietro la
slitta in movimento.

他想让戴夫休息并在移动的雪橇后面自由奔跑。

Ma nonostante la malattia, Dave odiava che gli venisse tolto
il lavoro che aveva ricoperto.

但即使生病了，戴夫仍然讨厌被剥夺他原来的工作。

Ringhiò e piagnucolò quando gli strapparono le redini dal
corpo.

当缰绳从他的身体上被拔出时，他发出咆哮和呜咽声
。

Quando vide Solleks al suo posto, pianse disperato.

当他看到索莱克斯站在自己的位置上时，他伤心欲绝
，哭了起来。

L'orgoglio per il lavoro sui sentieri era profondo in Dave,
anche quando la morte si avvicinava.

即使死亡临近，戴夫心中仍然怀有从事越野跑工作的
深深自豪感。

Mentre la slitta si muoveva, Dave arrancava nella neve soffice vicino al sentiero.

随着雪橇的移动，戴夫在小路附近的松软雪地上挣扎。

Attaccò Solleks, mordendolo e spingendolo giù dal lato della slitta.

他攻击了索莱克斯，咬了他并将他从雪橇侧面推开。

Dave cercò di saltare nell'imbracatura e di riprendersi il suo posto di lavoro.

戴夫试图跳进安全带并重新夺回他的工作位置。

Lui guaiva, si lamentava e piangeva, diviso tra il dolore e l'orgoglio del parto.

他尖叫、呜咽、哭泣，在分娩的痛苦和自豪之间挣扎。

Il meticcio usò la frusta per cercare di allontanare Dave dalla squadra.

这个混血儿用鞭子试图把戴夫赶出队伍。

Ma Dave ignorò la frustata e l'uomo non riuscì a colpirlo più forte.

但戴夫无视了鞭子，那人无法更用力地打他。

Dave rifiutò il sentiero più facile dietro la slitta, dove la neve era compatta.

戴夫拒绝选择雪橇后面更容易走的路，因为那里积满了雪。

Invece, si ritrovò a lottare nella neve profonda, ai lati del sentiero, in preda alla miseria.

相反，他在小路旁的深雪中痛苦地挣扎。

Alla fine Dave crollò, giacendo sulla neve e urlando di dolore.

最终，戴夫倒下了，躺在雪地里痛苦地嚎叫。

Lanciò un grido mentre la lunga fila di slitte gli passava accanto una dopo l'altra.

当长长的雪橇队伍一辆接一辆地从他身边驶过时，他大声喊道。

Tuttavia, con le poche forze che gli rimanevano, si alzò e barcollò dietro di loro.

尽管如此，他还是凭借着仅存的力气站了起来，跌跌撞撞地跟在他们后面。

Quando il treno si fermò di nuovo, lo raggiunse e trovò la sua vecchia slitta.

当火车再次停下来时，他追了上来，找到了他的旧雪橇。

Superò con difficoltà le altre squadre e tornò a posizionarsi accanto a Solleks.

他奋力超越其他队伍，再次站在索莱克斯身边。

Mentre l'autista si fermava per accendere la pipa, Dave colse l'ultima occasione.

当司机停下来点燃烟斗时，戴夫抓住了最后的机会。

Quando l'autista tornò e urlò, la squadra non avanzò.

当司机返回并大喊时，车队没有继续前进。

I cani avevano girato la testa, confusi dall'improvviso arresto.

狗儿们因为突然的停顿而感到困惑，纷纷转过头。

Anche il conducente era scioccato: la slitta non si era mossa di un centimetro in avanti.

驾驶员也大吃一惊——
雪橇根本就没向前移动一英寸。

Chiamò gli altri perché venissero a vedere cosa era successo.

他大声呼喊其他人过来看看发生了什么事。

Dave aveva masticato le redini di Solleks, spezzandole entrambe.

戴夫咬断了索莱克斯的缰绳，把两者都咬断了。

Ora era di nuovo in piedi davanti alla slitta, nella sua giusta posizione.

现在他站在雪橇前面，回到了他正确的位置。

Dave alzò lo sguardo verso l'autista, implorandolo silenziosamente di restare al passo.

戴夫抬头看着司机，默默地恳求他留在车道上。

L'autista era perplesso e non sapeva cosa fare per il cane in difficoltà.

司机感到困惑，不知道该如何帮助这只挣扎的狗。

Gli altri uomini parlavano di cani morti perché li avevano portati fuori.

其他人谈到了因被带出去而死亡的狗。

Raccontavano di cani vecchi o feriti il cui cuore si era spezzato quando erano stati abbandonati.

他们讲述了那些年老或受伤的狗被遗弃时心碎的故事。

Concordarono che era un atto di misericordia lasciare che Dave morisse mentre era ancora imbrigliato.

他们一致认为，让戴夫在安全带里死去是仁慈的。

Fu rimesso in sicurezza sulla slitta e Dave tirò con orgoglio.

他被重新绑在雪橇上，戴夫自豪地拉着雪橇。

Anche se a volte gridava, lavorava come se il dolore potesse essere ignorato.

尽管他有时会大叫，但他仍然努力工作，仿佛可以忽略痛苦。

Più di una volta cadde e fu trascinato prima di rialzarsi.

他不止一次跌倒，被人拖着才再次站起来。

A un certo punto la slitta gli rotolò addosso e da quel momento in poi zoppicò.

有一次，雪橇从他身上滚了过去，从那一刻起他就一瘸一拐地走路了。

Nonostante ciò, lavorò finché non raggiunse l'accampamento e poi si sdraiò accanto al fuoco.

尽管如此，他还是坚持工作直到到达营地，然后躺在火堆旁。

Al mattino Dave era troppo debole per muoversi o anche solo per stare in piedi.

到了早上，戴夫已经虚弱得无法行走，甚至无法站立。

Al momento di allacciare l'imbracatura, cercò di raggiungere il suo autista con sforzi tremanti.

在系好马具时，他颤抖着努力试图靠近他的车夫。

Si sforzò di rialzarsi, barcollò e crollò sul terreno innevato.

他强迫自己站起来，却跟跄了一下，倒在了雪地上。

Utilizzando le zampe anteriori, trascinò il suo corpo verso la zona dell'imbracatura.

他用前腿将身体拖向挽具区域。

Si fece avanti, centimetro dopo centimetro, verso i cani da lavoro.

他一点一点地向前移动，向工作犬靠近。

Le forze gli cedettero, ma continuò a muoversi nel suo ultimo disperato tentativo.

他已经筋疲力尽，但他仍在拼尽最后一丝力气，继续前行。

I suoi compagni di squadra lo videro ansimare nella neve, ancora desideroso di unirsi a loro.

队友们看到他在雪地里喘着粗气，仍然渴望加入他们。

Lo sentirono urlare di dolore mentre si lasciavano alle spalle l'accampamento.

当他们离开营地时，听到了他悲伤的嚎叫。

Mentre la squadra svaniva tra gli alberi, il grido di Dave risuonava dietro di loro.

当队伍消失在树林中时，戴夫的叫喊声在他们身后回荡。

Il treno delle slitte si fermò brevemente dopo aver attraversato un tratto di fiume ricco di boschi.

雪橇火车穿过一片河边树林后短暂地停了下来。

Il meticcio scozzese tornò lentamente verso l'accampamento alle sue spalle.

苏格兰混血儿慢慢地向后面的营地走去。

Gli uomini smisero di parlare quando lo videro scendere dal treno delle slitte.

当人们看到他离开雪橇列车时，他们停止了说话。

Poi un singolo colpo di pistola risuonò chiaro e netto attraverso il sentiero.

然后，小路上响起了一声清晰而尖锐的枪声。

L'uomo tornò rapidamente e prese il suo posto senza dire una parola.

那人很快就回来了，一言不发地回到了自己的位置。

Le fruste schioccavano, i campanelli tintinnavano e le slitte avanzavano sulla neve.

鞭子啪啪作响，铃铛叮当作响，雪橇在雪地里滚动。

Ma Buck sapeva cosa era successo, come tutti gli altri cani.

但巴克知道发生了什么事——其他狗也知道。

La fatica delle redini e del sentiero
缰绳与踪迹的辛劳

Trenta giorni dopo aver lasciato Dawson, la Salt Water Mail raggiunse Skaguay.

离开道森三十天后，咸水邮船抵达斯卡圭。

Buck e i suoi compagni di squadra presero il comando e arrivarono in condizioni pietose.

巴克和他的队友们领先，但到达时他们的状态却很糟糕。

Buck era sceso da 140 a 150 chili.

巴克的体重从一百四十磅减到了一百一十五磅。

Gli altri cani, sebbene più piccoli, avevano perso ancora più peso corporeo.

其他狗虽然体型较小，但体重减轻得更多。

Pike, che una volta zoppicava fingendo, ora trascinava dietro di sé una gamba veramente ferita.

派克曾经假装跛脚，现在却拖着一条真正受伤的腿。

Solleks zoppicava gravemente e Dub aveva una scapola slogata.

索莱克斯（Solleks）严重跛行，而杜布（Dub）的肩胛骨则扭伤了。

Tutti i cani del team avevano i piedi doloranti a causa delle settimane trascorse sul sentiero ghiacciato.

由于在冰冻的小路上跋涉了数周，队伍中的每只狗都脚痛不已。

Non avevano più slancio nei loro passi, solo un movimento lento e trascinato.

他们的步伐不再轻快，只有缓慢、拖沓的动作。

I loro piedi colpivano il sentiero con forza e ogni passo aggiungeva ulteriore sforzo al loro corpo.

他们的双脚用力踩在小路上，每一步都给他们的身体带来更大的压力。

Non erano malati, erano solo stremati oltre ogni possibile guarigione naturale.

他们并没有生病，只是体力消耗太大，无法自然恢复。

Non si trattava della stanchezza di una giornata faticosa, curata con una notte di riposo.

这不是一天辛苦劳累之后，经过一夜休息就能治愈的疲劳。

Era una stanchezza accumulata lentamente attraverso mesi di sforzi estenuanti.

这是经过数月艰苦努力慢慢积累起来的疲惫。

Non era rimasta alcuna riserva di forze: avevano esaurito ogni energia a loro disposizione.

没有任何后备力量，他们已经用尽了所有的力量。

Ogni muscolo, fibra e cellula del loro corpo era consumato e usurato.

他们身上的每一块肌肉、每一根纤维、每一个细胞都已磨损殆尽。

E c'era un motivo: avevano percorso duemilacinquecento miglia.

这是有原因的——他们已经走了两千五百英里。

Si erano riposati solo cinque giorni durante le ultime milleottocento miglia.

在最后的一千八百英里中，他们只休息了五天。

Quando giunsero a Skaguay, sembrava che riuscissero a malapena a stare in piedi.

当他们到达斯卡圭时，他们看起来几乎无法直立。

Facevano fatica a tenere le redini strette e a restare davanti alla slitta.

他们努力拉紧缰绳，保持领先于雪橇。

Nei pendii in discesa riuscivano solo a evitare di essere investiti.

在下坡时，他们仅仅设法避免被碾压。

"Continuate a marciare, poveri piedi doloranti", disse l'autista mentre zoppicavano.

"继续前进吧，可怜的脚，好痛啊，" 司机一边说着，一边一瘸一拐地往前走。

"Questo è l'ultimo tratto, poi ci prenderemo tutti un lungo riposo, di sicuro."

"这是最后一段路程，然后我们肯定都会得到一次长时间的休息。"

"Un riposo davvero lungo", promise, guardandoli barcollare in avanti.

"一次真正长久的休息，"他承诺道，看着他们蹒跚地向前走。

Gli autisti si aspettavano una lunga e necessaria pausa.

司机们希望他们现在可以得到一次长时间的、必要的休息。

Avevano percorso milleduecento miglia con solo due giorni di riposo.

他们已经走了一千二百英里，只休息了两天。

Per correttezza e ragione, ritenevano di essersi guadagnati un po' di tempo per rilassarsi.

公平而理性地，他们觉得自己应该有时间放松一下。

Ma troppi erano giunti nel Klondike e troppo pochi erano rimasti a casa.

但是来到克朗代克的人太多了，而留在家里的人太少了。

Le lettere delle famiglie continuavano ad arrivare, creando pile di posta in ritardo.

来自家人的信件大量涌入，导致大量邮件被延误。

Arrivarono gli ordini ufficiali: i nuovi cani della Hudson Bay avrebbero preso il sopravvento.

官方命令已下达——新的哈德逊湾犬将接管。

I cani esausti, ormai considerati inutili, dovevano essere eliminati.

这些筋疲力尽的狗现在被认为毫无价值，将被处理掉。

Poiché i soldi erano più importanti dei cani, venivano venduti a basso prezzo.

因为钱比狗更重要，所以它们将被廉价出售。

Passarono altri tre giorni prima che i cani si accorgessero di quanto fossero deboli.

又过了三天，狗才感觉到自己有多么虚弱。

La quarta mattina, due uomini provenienti dagli Stati Uniti acquistarono l'intera squadra.

第四天早上，两个来自美国的男人买下了整支球队。

La vendita comprendeva tutti i cani e le loro imbracature usate.

此次出售的商品包括所有狗以及它们磨损的挽具。

Mentre concludevano l'affare, gli uomini si chiamavano tra loro "Hal" e "Charles".

交易完成后，两人互称"哈尔"和"查尔斯"。

Charles era un uomo di mezza età, pallido, con labbra molli e folti baffi.

查尔斯是一位中年人，面色苍白，嘴唇松弛，胡子尖儿浓密。

Hal era un giovane, forse diciannove anni, che indossava una cintura imbottita di cartucce.

哈尔是个年轻人，大概十九岁，腰间系着一条装满子弹的腰带。

Nella cintura erano contenuti un grosso revolver e un coltello da caccia, entrambi inutilizzati.

腰带上挂着一把大左轮手枪和一把猎刀，均未使用过。

Dimostrava quanto fosse inesperto e inadatto alla vita nel Nord.

这表明他缺乏经验，不适合北方的生活。

Nessuno dei due uomini viveva in natura; la loro presenza sfidava ogni ragionevolezza.

这两个人都不属于荒野；他们的存在违背了一切理性。

Buck osservava lo scambio di denaro tra l'acquirente e l'agente.

巴克看着买家和代理人之间金钱交易。

Sapeva che i conducenti dei treni postali stavano abbandonando la sua vita come tutti gli altri.

他知道，邮政火车司机也像其他人一样，要离开他的生活了。

Seguirono Perrault e François, ormai scomparsi.

他们追随了佩罗和弗朗索瓦的脚步，而后者如今已不在人世。

Buck e la squadra vennero condotti al disordinato accampamento dei loro nuovi proprietari.

巴克和球队被带到了新主人的简陋营地。

La tenda cedeva, i piatti erano sporchi e tutto era in disordine.

帐篷塌陷，盘子脏兮兮的，一切都乱七八糟。

Anche Buck notò una donna lì: Mercedes, moglie di Charles e sorella di Hal.

巴克也注意到那里有一个女人——

梅赛德斯，查尔斯的妻子，哈尔的妹妹。

Formavano una famiglia completa, anche se erano tutt'altro che adatti al sentiero.

尽管他们远不适合这条路线，但他们组成了一个完整的家庭。

Buck osservava nervosamente mentre il trio iniziava a impacchettare le provviste.

巴克紧张地看着三人开始打包物资。

Lavoravano duro ma senza ordine, solo confusione e sforzi sprecati.

他们努力工作，但没有秩序——

只是忙乱和浪费精力。

La tenda era arrotolata fino a formare una sagoma ingombrante, decisamente troppo grande per la slitta.

帐篷被卷成一个笨重的形状，对于雪橇来说太大了。

I piatti sporchi venivano imballati senza essere stati né lavati né asciugati.

脏盘子根本没有清洗或擦干就被打包了。

Mercedes svolazzava in giro, parlando, correggendo e intromettendosi in continuazione.

梅赛德斯四处飞舞，不断地说话、纠正和干涉。

Quando le misero un sacco davanti, lei insistette perché lo mettesse dietro.

当一个袋子放在前面时，她坚持把它放在后面。

Mise il sacco in fondo e un attimo dopo ne ebbe bisogno.

她把麻袋塞在底部，下一刻她就需要它了。

Quindi la slitta venne disimballata di nuovo per raggiungere quella specifica borsa.

因此，雪橇再次被打开，以到达一个特定的袋子。

Lì vicino, tre uomini stavano fuori da una tenda e osservavano la scena che si svolgeva.

附近，三名男子站在帐篷外，注视着这一幕的发生。

Sorrisero, ammiccarono e sogghignarono di fronte all'evidente confusione dei nuovi arrivati.

他们微笑着，眨眨眼，对新来者明显困惑的表情咧嘴一笑。

"Hai già un carico parecchio pesante", disse uno degli uomini.

"你已经扛了很重的担子了，"其中一名男子说道。

"Non credo che dovresti portare quella tenda, ma la scelta è tua."

"我认为你不应该扛着那顶帐篷，但这是你的选择。"

"Impensabile!" esclamò Mercedes, alzando le mani in segno di disperazione.

"做梦也想不到！"梅赛德斯绝望地举起双手，大叫道。

"Come potrei viaggiare senza una tenda sotto cui dormire?"

"没有帐篷我怎么能去旅行呢？"

«È primavera, non vedrai più il freddo», rispose l'uomo.

"现在是春天——
你不会再看到寒冷的天气了，"那人回答道。

Ma lei scosse la testa e loro continuarono ad accumulare oggetti sulla slitta.

但她摇了摇头，他们继续把物品堆到雪橇上。

Il carico era pericolosamente alto mentre aggiungevano gli ultimi oggetti.

当他们添加最后的东西时，负载已经高得危险了。

"Pensi che la slitta andrà avanti?" chiese uno degli uomini con aria scettica.

"你觉得雪橇能滑行吗？" 其中一个男人怀疑地问道。

"E perché non dovrebbe?" ribatté Charles con netto fastidio.

"为什么不能呢？" 查尔斯恼怒地反驳道。

"Oh, va bene", disse rapidamente l'uomo, evitando di offendersi.

"哦，没关系，" 那人赶紧说道，不再冒犯。

"Mi chiedevo solo: mi sembrava un po' troppo pesante nella parte superiore."

"我只是好奇——
它看起来对我来说有点头重脚轻。"

Charles si voltò e legò il carico meglio che poté.

查尔斯转过身，尽力把货物绑好。

Ma le legature erano allentate e l'imballaggio nel complesso era fatto male.

但捆扎松散，整体包装质量较差。

"Certo, i cani tireranno così tutto il giorno", disse sarcasticamente un altro uomo.

"当然，狗会整天拉这个，" 另一个男人讽刺地说。

«Certamente», rispose Hal freddamente, afferrando il lungo timone della slitta.

"当然，" 哈尔冷冷地回答道，抓住了雪橇的长地杆。

Tenendo una mano sul palo, faceva roteare la frusta nell'altra.

他一手扶着杆子，一手挥动着鞭子。

"Andiamo!" urlò. "Muovetevi!", incitando i cani a partire.

"出发！" 他喊道。 "动起来！" 他催促着狗们开始行动。

I cani si appoggiarono all'imbracatura e si sforzarono per qualche istante.

狗靠在挽具上，用力了一会儿。

Poi si fermarono, incapaci di spostare di un centimetro la slitta sovraccarica.

然后他们停了下来，超载的雪橇一动也不能动。

"Quei fannulloni!" urlò Hal, alzando la frusta per colpirli.

"这些懒惰的畜生！" 哈尔喊道，举起鞭子抽打他们。

Ma Mercedes si precipitò dentro e strappò la frusta dalle mani di Hal.

但梅赛德斯冲了进来，从哈尔手中夺走了鞭子。

«Oh, Hal, non osare far loro del male», gridò allarmata.

"哦，哈尔，你敢伤害他们，" 她惊慌地喊道。

"Promettimi che sarai gentile con loro, altrimenti non farò un altro passo."

"答应我，你会善待他们，否则我就不再前进一步。"

"Non sai niente di cani", scattò Hal contro la sorella.

"你对狗一无所知，" 哈尔厉声对妹妹说。

"Sono pigri e l'unico modo per smuoverli è frustarli."

"他们很懒，唯一能让他们动起来的方法就是鞭打他们。"

"Chiedi a chiunque, chiedi a uno di quegli uomini laggiù se dubiti di me."

"如果你怀疑我，就问任何人——
问那边的那些人中的一个。"

Mercedes guardò gli astanti con occhi imploranti e pieni di lacrime.

梅赛德斯用恳求和泪眼看着旁观者。

Il suo viso rivelava quanto odiasse la vista di qualsiasi dolore.

她的脸上流露出她对看到任何痛苦的极度厌恶。

"Sono deboli, tutto qui", ha detto un uomo. "Sono sfiniti."

"他们只是虚弱而已，"一名男子说道，"他们已经筋疲力尽了。"

"Hanno bisogno di riposare: hanno lavorato troppo a lungo senza una pausa."

"他们需要休息——
他们已经工作太久了，没有休息过。"

«Che il resto sia maledetto», borbottò Hal arricciando il labbro.

"剩下的就见鬼去吧，"哈尔撇着嘴嘟囔道。

Mercedes sussultò, visibilmente addolorata per le parole volgari pronunciate da lui.

梅赛德斯倒吸了一口气，显然被他粗鲁的言辞弄得很痛苦。

Ciononostante, lei rimase leale e difese immediatamente il fratello.

尽管如此，她仍然保持忠诚并立即保护了她的兄弟。

"Non badare a quell'uomo", disse ad Hal. "Sono i nostri cani."

"别介意那个男人，"她对哈尔说。"它们是我们的狗。"

"Li guidi come meglio credi: fai ciò che ritieni giusto."

"你按照自己认为合适的方式驾驶它们——
做你认为正确的事。"

Hal sollevò la frusta e colpì di nuovo i cani senza pietà.

哈尔举起鞭子，再次毫不留情地抽打狗。

Si lanciarono in avanti, con i corpi bassi e i piedi che affondavano nella neve.

他们猛地向前冲去，身体放低，双脚深深地插入雪中。

Tutta la loro forza era concentrata nel traino, ma la slitta non si muoveva.

他们用尽全身的力气去拉，但雪橇却纹丝不动。

La slitta rimase bloccata, come un'ancora congelata nella neve compatta.

雪橇卡住了，就像一个锚被冻在了厚厚的雪里。

Dopo un secondo tentativo, i cani si fermarono di nuovo, ansimando forte.

经过第二次尝试，狗再次停了下来，气喘吁吁。

Hal sollevò di nuovo la frusta, proprio mentre Mercedes interferiva di nuovo.

就在梅赛德斯再次出手阻拦时，哈尔再次举起了鞭子。

Si lasciò cadere in ginocchio davanti a Buck e gli abbracciò il collo.

她跪在巴克面前并抱住他的脖子。

Le lacrime le riempivano gli occhi mentre implorava il cane esausto.

当她恳求这只筋疲力尽的狗时，她的眼里充满了泪水。

"Poveri cari", disse, "perché non tirate più forte?"

"你这可怜的孩子，"她说，"为什么不再用力拉一点呢？"

"Se tiri, non verrai frustato così."

"如果你拉的话，就不会被这样鞭打了。"

A Buck non piaceva Mercedes, ma ormai era troppo stanco per resisterle.

巴克不喜欢梅赛德斯，但是他现在太累了，无法抗拒她。

Lui accettò le sue lacrime come se fossero solo un'altra parte di quella giornata miserabile.

他把她的眼泪当做这悲惨的一天的一部分。

Uno degli uomini che osservavano, dopo aver represso la rabbia, finalmente parlò.

一名围观的男子终于强忍住怒火，开口说道。

"Non mi interessa cosa succede a voi, ma quei cani sono importanti."

"我不关心你们发生了什么，但那些狗很重要。"

"Se vuoi aiutare, stacca quella slitta: è ghiacciata e innevata."

"如果你想帮忙，就把雪橇松开——
它已经冻在雪上了。"

"Spingi con forza il palo della luce, a destra e a sinistra, e rompi il sigillo di ghiaccio."

"用力推航向杆，左右推动，打破冰封。"

Fu fatto un terzo tentativo, questa volta seguendo il suggerimento dell'uomo.

第三次尝试之后，这次听从了该男子的建议。

Hal fece oscillare la slitta da una parte all'altra, facendo staccare i pattini.

哈尔左右摇晃着雪橇，把滑板摇松了。

La slitta, benché sovraccarica e scomoda, alla fine sobbalzò in avanti.

雪橇虽然超载且笨重，但最终还是向前蹒跚而行。

Buck e gli altri tirarono selvaggiamente, spinti da una tempesta di frustate.

巴克和其他人疯狂地拉着船，被一阵鞭子抽打着。

Un centinaio di metri più avanti, il sentiero curvava e scendeva in pendenza verso la strada.

前方一百码处，小路弯曲并倾斜进入街道。

Ci sarebbe voluto un guidatore esperto per tenere la slitta in posizione verticale.

需要一位熟练的驾驶员才能保持雪橇直立。

Hal non era abile e la slitta si ribaltò mentre svoltava.

哈尔的技术并不熟练，雪橇在转弯时倾斜了。

Le cinghie allentate cedettero e metà del carico si rovesciò sulla neve.

松散的捆扎带断裂，一半的货物散落在雪地上。

I cani non si fermarono; la slitta più leggera continuò a procedere su un fianco.

狗没有停下来；较轻的雪橇侧身飞驰而去。

I cani, furiosi per i maltrattamenti e per il peso del carico, corsero più veloci.

由于受到虐待和负担过重，狗变得愤怒，跑得更快了
。

Buck, infuriato, si lanciò a correre, seguito dalla squadra.
巴克勃然大怒，拔腿就跑，队伍紧随其后。

Hal urlò "Whoa! Whoa!" ma la squadra non gli prestò
attenzione.
哈尔大喊"哇！哇！"但队员们没有理会他。

Inciampò, cadde e fu trascinato a terra dall'imbracatura.
他绊倒了，摔倒了，被安全带拖着在地上行走。

La slitta rovesciata lo travolse mentre i cani continuavano a
correre avanti.
当狗在前面奔跑时，翻倒的雪橇撞到了他。

Il resto delle provviste è sparso lungo la trafficata strada di
Skaguay.
其余物资散落在斯卡圭繁忙的街道上。

Le persone di buon cuore si precipitarono a fermare i cani e a
raccogliere l'attrezzatura.
好心人赶紧上前阻止，并收拾好装备。

Diedero anche consigli schietti e pratici ai nuovi viaggiatori.
他们还向新旅行者提供了直率而实用的建议。

"Se vuoi raggiungere Dawson, prendi metà del carico e
raddoppia i cani."
"如果你想到达道森，就带一半的货物，双倍的狗。
"

Hal, Charles e Mercedes ascoltarono, anche se non con
entusiasmo.
哈尔、查尔斯和梅赛德斯听着，但并不热情。

Montarono la tenda e cominciarono a sistemare le loro
provviste.
他们搭起帐篷并开始整理物资。

Ne uscirono dei cibi in scatola, che fecero ridere a crepapelle
gli astanti.
罐头食品端了出来，引得围观的人哈哈大笑。

"Roba in scatola sul sentiero? Morirai di fame prima che si
sciolga", disse uno.

"路上有罐头食品？等它们融化了你就会饿死的。"
一个人说道。

"Coperte d'albergo? Meglio buttarle via tutte."
"酒店的毯子？你最好把它们都扔掉。"

"Togli anche la tenda e qui nessuno laverà più i piatti."
"把帐篷也扔掉，这里就没人洗碗了。"

"Pensi di viaggiare su un treno Pullman con dei servitori a bordo?"
"你以为你乘坐的是一辆有仆人的普尔曼火车吗？"

Il processo ebbe inizio: ogni oggetto inutile venne gettato da parte.
流程开始了——所有无用的物品都被扔到一边。

Mercedes pianse quando le sue borse furono svuotate sul terreno innevato.
当她的行李被倒在雪地上时，梅赛德斯哭了。

Singhiozzava per ogni oggetto buttato via, uno per uno, senza sosta.
她对着被扔掉的每件物品不停地抽泣。

Giurò di non fare un altro passo, nemmeno per dieci Charles.
她发誓不再向前迈进一步——哪怕是十个查尔斯。

Pregò ogni persona vicina di lasciarle conservare le sue cose preziose.
她恳求附近的每个人让她保留她的珍贵物品。

Alla fine si asciugò gli occhi e cominciò a gettare via anche i vestiti più importanti.
最后，她擦干了眼睛，开始扔掉哪怕是至关重要的衣服。

Una volta terminato il suo, cominciò a svuotare le scorte degli uomini.
当她处理完自己的物品后，她开始清空男人们的物品。

Come un turbine, fece a pezzi gli effetti personali di Charles e Hal.
她像旋风一样，把查尔斯和哈尔的物品都洗劫一空。

Sebbene il carico fosse dimezzato, era comunque molto più pesante del necessario.

尽管负载减少了一半，但仍然远远超过了需要的重量。

Quella notte, Charles e Hal uscirono e comprarono sei nuovi cani.

那天晚上，查尔斯和哈尔出去买了六只新狗。

Questi nuovi cani si unirono ai sei originali, più Teek e Koona.

这些新狗加入了原来的六只狗，还有 Teek 和 Koona。

Insieme formarono una squadra di quattordici cani attaccati alla slitta.

他们一起组成了一支由十四只狗组成的队伍，这些狗都被拴在雪橇上。

Ma i nuovi cani erano inadatti e poco addestrati per il lavoro con la slitta.

但新来的狗不适合拉雪橇，训练也很差。

Tre dei cani erano cani da caccia a pelo corto, mentre uno era un Terranova.

其中三只狗是短毛指示犬，一只是纽芬兰犬。

Gli ultimi due cani erano meticci senza alcuna razza o scopo ben definito.

最后两只狗是杂种狗，没有明确的品种或用途。

Non capivano il percorso e non lo imparavano in fretta.

他们不了解这条路线，而且他们没有很快学会它。

Buck e i suoi compagni li osservavano con disprezzo e profonda irritazione.

巴克和他的伙伴们带着轻蔑和深深的恼怒看着他们。

Sebbene Buck insegnasse loro cosa non fare, non poteva insegnare loro il dovere.

尽管巴克教会了他们什么不该做，但他却无法教会他们责任。

Non amavano la vita sui sentieri né la trazione delle redini e delle slitte.

它们不适应跟踪生活，也不适应缰绳和雪橇的拉动。

Soltanto i bastardi cercarono di adattarsi, e anche a loro mancava lo spirito combattivo.

只有杂种狗试图适应，但即使如此，它们也缺乏战斗精神。

Gli altri cani erano confusi, indeboliti e distrutti dalla loro nuova vita.

其他狗对新生活感到困惑、虚弱和崩溃。

Con i nuovi cani all'oscuro e i vecchi esausti, la speranza era flebile.

由于新来的狗毫无头绪，而老狗又筋疲力尽，希望渺茫。

La squadra di Buck aveva percorso duemilacinquecento miglia di sentiero accidentato.

巴克的队伍已经走过了二千五百英里的艰难道路。

Ciononostante, i due uomini erano allegri e orgogliosi della loro grande squadra di cani.

尽管如此，这两个人还是很高兴，并为他们的大型狗队感到自豪。

Pensavano di viaggiare con stile, con quattordici cani al seguito.

他们以为带着十四只狗的旅行很时尚。

Avevano visto delle slitte partire per Dawson e altre arrivarne.

他们看到雪橇出发前往道森，其他雪橇也从那里抵达。

Ma non ne avevano mai vista una trainata da ben quattordici cani.

但他们从未见过由十四只狗拉着的火车。

C'era un motivo per cui squadre del genere erano rare nelle terre selvagge dell'Artico.

这样的队伍在北极荒野中很少见，这是有原因的。

Nessuna slitta poteva trasportare cibo sufficiente a sfamare quattordici cani per l'intero viaggio.

没有一辆雪橇能够装载足够的食物来喂养十四只狗。

Ma Charles e Hal non lo sapevano: avevano fatto i calcoli.
但查尔斯和哈尔不知道这一点——他们已经算过了。

Hanno pianificato la razione di cibo: una certa quantità per cane, per un certo numero di giorni, fatta.
他们用铅笔写下食物量：每只狗需要多少，需要多少天，就吃完。

Mercedes guardò i numeri e annuì come se avessero senso.
梅赛德斯看着他们的身影，点了点头，仿佛觉得很有道理。

Tutto le sembrava molto semplice, almeno sulla carta.
对她来说，一切都显得非常简单，至少在纸面上是如此。

La mattina seguente, Buck guidò lentamente la squadra lungo la strada innevata.
第二天早上，巴克带领队伍沿着积雪的街道缓缓前行。

Non c'era né energia né spirito in lui e nei cani dietro di lui.
他和他身后的狗都失去了活力和精神。

Erano stanchi morti fin dall'inizio: non avevano più riserve.
他们从一开始就非常疲惫——没有任何后劲。

Buck aveva già fatto quattro viaggi tra Salt Water e Dawson.
巴克已在 Salt Water 和 Dawson 之间往返了四次。

Ora, di fronte alla stessa pista, non provava altro che amarezza.
如今，再次面临同样的考验，他只感到苦涩。

Il suo cuore non c'era, e nemmeno quello degli altri cani.
他心不在焉，其他狗也一样。

I nuovi cani erano timidi e gli husky non si fidavano per niente.
新来的狗很胆小，哈士奇也缺乏信任。

Buck capì che non poteva fare affidamento su quei due uomini o sulla loro sorella.
巴克感觉到他不能依赖这两个人或他们的妹妹。

Non sapevano nulla e non mostravano alcun segno di apprendimento lungo il percorso.

他们什么都不知道，而且在路上也没有表现出任何学习的迹象。

Erano disorganizzati e privi di qualsiasi senso di disciplina.

他们组织混乱，缺乏纪律性。

Ogni volta impiegavano metà della notte per allestire un accampamento malmesso.

每次他们都要花半夜的时间才能搭建一个简陋的营地。

E metà della mattina successiva la trascorsero di nuovo armeggiando con la slitta.

第二天上午他们又花了大半天时间笨手笨脚地推着雪橇。

Spesso a mezzogiorno si fermavano solo per sistemare il carico irregolare.

到了中午，他们常常会停下来只是为了修理不均匀的负载。

In alcuni giorni percorsero meno di dieci miglia in totale.

有些日子，他们总共行走不到十英里。

Altri giorni non riuscivano proprio ad abbandonare l'accampamento.

其他日子里，他们根本没能离开营地。

Non sono mai riusciti a coprire la distanza alimentare prevista.

他们从来没有接近完成计划的食物距离。

Come previsto, il cibo per i cani finì molto presto.

正如他们所料，狗粮很快就吃完了。

Nei primi tempi hanno peggiorato ulteriormente la situazione con l'eccesso di cibo.

早期他们喂食过多，导致情况变得更糟。

Ciò rendeva la carestia sempre più vicina, con ogni razione disattenta.

每一次不注意配给，都使饥饿离我们越来越近。

I nuovi cani non avevano ancora imparato a sopravvivere con molto poco.

新来的狗还没有学会如何靠很少的资源生存。

Mangiarono avidamente, con un appetito troppo grande per il sentiero.

他们狼吞虎咽地吃着东西，胃口太大，不适合走这条路。

Vedendo i cani indebolirsi, Hal pensò che il cibo non fosse sufficiente.

看到狗越来越虚弱，哈尔认为食物不够。

Raddoppiò le razioni, peggiorando ulteriormente l'errore.

他把口粮增加了一倍，这使错误变得更加严重。

Mercedes aggravò il problema con le sue lacrime e le sue suppliche sommesse.

梅赛德斯的眼泪和轻声的恳求让问题变得更加严重。

Quando non riuscì a convincere Hal, diede da mangiare ai cani di nascosto.

当她无法说服哈尔时，她就偷偷地喂狗。

Rubò il pesce dai sacchi e glielo diede alle spalle.

她偷走了鱼袋里的鱼，并背着他给了他们。

Ma ciò di cui i cani avevano veramente bisogno non era altro cibo: era riposo.

但狗真正需要的不是更多的食物，而是休息。

Nonostante la loro scarsa velocità, la pesante slitta continuava a procedere.

他们的速度很慢，但沉重的雪橇仍然向前移动。

Quel peso da solo esauriva ogni giorno le loro forze rimanenti.

单是这个重量就足以消耗他们每天仅剩的体力。

Poi arrivò la fase della sottoalimentazione, quando le scorte scarseggiavano.

随后，由于供给不足，进入了食物不足的阶段。

Una mattina Hal si accorse che metà del cibo per cani era già finito.

一天早上，哈尔发现一半的狗粮已经吃完了。

Avevano percorso solo un quarto della distanza totale del sentiero.

他们只走了总路程的四分之一。

Non si poteva più comprare cibo, a qualunque prezzo.

无论出价多少，都买不到更多的食物。

Ridusse le porzioni dei cani al di sotto della razione giornaliera standard.

他将狗的食量减少到标准每日定量以下。

Allo stesso tempo, chiese di viaggiare più a lungo per compensare la perdita.

同时，他要求延长旅行时间以弥补损失。

Mercedes e Charles appoggiarono questo piano, ma fallirono nella sua realizzazione.

梅赛德斯和查尔斯支持这个计划，但在执行上失败了。

La loro pesante slitta e la mancanza di abilità rendevano il progresso quasi impossibile.

由于雪橇太重，加上缺乏技巧，他们的前进几乎是不可能的。

Era facile dare meno cibo, ma impossibile forzare uno sforzo maggiore.

少给食物很容易，但强迫别人多付出却不可能。

Non potevano partire prima, né viaggiare per ore extra.

他们不能早点出发，也不能加班。

Non sapevano come gestire i cani, e nemmeno loro stessi, a dire il vero.

他们不知道该如何训练狗，甚至不知道该如何训练他们自己。

Il primo cane a morire fu Dub, lo sfortunato ma laborioso ladro.

第一只死去的狗是杜布，一只不幸但勤奋的小偷。

Sebbene spesso punito, Dub aveva fatto la sua parte senza lamentarsi.

尽管经常受到惩罚，但杜布仍然毫无怨言地尽职尽责。

La sua spalla ferita peggiorò se non ricevette cure adeguate e non ebbe bisogno di riposo.

他的肩膀受伤，如果不加以治疗或休息，情况就会变得更糟。

Alla fine, Hal usò la pistola per porre fine alle sofferenze di Dub.

最后，哈尔用左轮手枪结束了杜布的痛苦。

Un detto comune afferma che i cani normali muoiono se vengono nutriti con razioni di husky.

有句俗话说，普通的狗吃了哈士奇的食物就会死。

I sei nuovi compagni di Buck avevano ricevuto solo metà della quota di cibo riservata all'husky.

巴克的六个新伙伴只得到了哈士奇一半的食物份额。

Il Terranova morì per primo, seguito dai tre cani da caccia a pelo corto.

纽芬兰犬首先死去，然后是三只短毛指针犬。

I due bastardi resistettero più a lungo ma alla fine morirono come gli altri.

两只杂种狗坚持得更久，但最终还是像其他狗一样死去了。

Ormai tutti i comfort e la gentilezza del Southland erano scomparsi.

此时，南国的舒适与温柔已荡然无存。

Le tre persone avevano perso le ultime tracce della loro educazione civile.

这三个人已经失去了文明成长的最后一丝痕迹。

Spogliato di glamour e romanticismo, il viaggio nell'Artico è diventato brutalmente reale.

北极旅行失去了魅力和浪漫，变得残酷而真实。

Era una realtà troppo dura per il loro senso di virilità e femminilità.

对于他们的男子气概和女人味而言，这个现实太过残酷。

Mercedes non piangeva più per i cani, ma piangeva solo per se stessa.

梅赛德斯不再为狗哭泣，现在只为自己哭泣。

Trascorreva il tempo piangendo e litigando con Hal e
Charles.

她一直哭泣并与哈尔和查尔斯争吵。

Litigare era l'unica cosa per cui non si stancavano mai.

争吵是他们永远不会厌倦的一件事。

La loro irritabilità derivava dalla miseria, cresceva con essa e
la superava.

他们的烦躁源自痛苦，并随着痛苦而增长，最终超越
痛苦。

La pazienza del cammino, nota a coloro che faticano e
soffrono con generosità, non è mai arrivata.

那些辛勤劳作、忍受痛苦的人所知道的耐心之路从未
到来。

Quella pazienza che rende dolce la parola nonostante il
dolore, era a loro sconosciuta.

他们不知道，在痛苦中，耐心能让言语保持甜美。

Non avevano alcun briciolo di pazienza, nessuna forza
derivante dalla sofferenza con grazia.

他们没有一丝耐心，也没有从忍受痛苦中获得力量。

Erano irrigiditi dal dolore: dolori nei muscoli, nelle ossa e
nel cuore.

他们因疼痛而僵硬——肌肉、骨头和心脏都在疼痛。

Per questo motivo, divennero taglienti nella lingua e pronti
a pronunciare parole dure.

因此，他们的言辞变得尖刻，而且容易说出恶毒的话
。

Ogni giorno iniziava e finiva con voci arrabbiate e lamentele
amare.

每天的开始和结束都是在愤怒的声音和痛苦的抱怨中
。

Charles e Hal litigavano ogni volta che Mercedes ne dava
loro l'occasione.

只要梅赛德斯给他们机会，查尔斯和哈尔就会争吵起来。

Ogni uomo credeva di aver fatto più del dovuto.
每个人都认为自己所做的工作超过了自己应承担的份额。

Nessuno dei due ha mai perso l'occasione di dirlo, ancora e ancora.
他们俩都不会错过一次又一次表达自己观点的机会。

A volte Mercedes si schierava con Charles, a volte con Hal.
有时梅赛德斯站在查尔斯一边，有时站在哈尔一边。

Ciò portò a una grande e infinita lite tra i tre.
这导致三人之间爆发了一场巨大而无休止的争吵。

La disputa su chi dovesse tagliare la legna da ardere divenne incontrollabile.
关于谁应该砍柴的争论愈演愈烈。

Ben presto vennero nominati padri, madri, cugini e parenti defunti.
很快，父亲、母亲、表亲和已故亲属的名字就被列出来了。

Le opinioni di Hal sull'arte o sulle opere teatrali di suo zio divennero parte della lotta.
哈尔对艺术的看法或他叔叔的戏剧成为了争论的一部分。

Anche le convinzioni politiche di Carlo entrarono nel dibattito.
查尔斯的政治信仰也进入了争论之中。

Per Mercedes, perfino i pettegolezzi della sorella del marito sembravano rilevanti.
对于梅赛德斯来说，就连她丈夫姐姐的八卦似乎也与她有关。

Espresse la sua opinione su questo e su molti dei difetti della famiglia di Charles.
她对此以及查尔斯家族的许多缺点发表了自己的看法。

Mentre discutevano, il fuoco rimase spento e
l'accampamento mezzo allestito.

当他们争吵的时候，火还没有点燃，营地也只搭了一半。

Nel frattempo i cani erano rimasti infreddoliti e senza cibo.

与此同时，狗仍然处于寒冷之中，并且没有任何食物。

Mercedes nutriva un risentimento che considerava
profondamente personale.

梅赛德斯心里怀着深深的个人怨恨。

Si sentiva maltrattata in quanto donna e le venivano negati i
suoi gentili privilegi.

她觉得自己作为一名女性受到了虐待，被剥夺了应有的温柔权利。

Era carina e gentile, e per tutta la vita era stata abituata alla
cavalleria.

她美丽而温柔，一生都具有骑士精神。

Ma suo marito e suo fratello ora la trattavano con
impazienza.

但她的丈夫和兄弟现在对她很不耐烦。

Aveva l'abitudine di comportarsi in modo impotente e loro
cominciarono a lamentarsi.

她习惯于表现得无助，于是他们开始抱怨。

Offesa da ciò, rese loro la vita ancora più difficile.

她因此而感到被冒犯，使他们的生活变得更加艰难。

Ignorò i cani e insistette per guidare lei stessa la slitta.

她不理会狗，坚持自己骑雪橇。

Sebbene sembrasse esile, pesava centoventi libbre (circa
quaranta chili).

虽然看上去很轻盈，但她的体重却有一百二十磅。

Quel peso aggiuntivo era troppo per i cani affamati e deboli.

对于饥饿、虚弱的狗来说，额外的负担实在太重了。

Nonostante ciò, continuò a cavalcare per giorni, finché i cani
non crollarono nelle redini.

尽管如此，她还是骑了好几天，直到狗在缰绳上倒下。

La slitta si fermò e Charles e Hal la implorarono di proseguire a piedi.

雪橇停了下来，查尔斯和哈尔恳求她走一走。

Loro la implorarono e la scongiurarono, ma lei pianse e li definì crudeli.

他们苦苦哀求，但她却哭泣着说他们残忍。

In un'occasione, la tirarono giù dalla slitta con pura forza e rabbia.

有一次，他们用蛮力和愤怒把她从雪橇上拉了下来。

Dopo quello che accadde quella volta non ci riprovarono più.

自从那次事件发生之后，他们就再也没有尝试过。

Si accasciò come una bambina viziata e si sedette nella neve.

她像一个被宠坏的孩子一样瘫软地坐在雪地里。

Continuarono a muoversi, ma lei si rifiutò di alzarsi o di seguirli.

他们继续前行，但她拒绝起身或跟在后面。

Dopo tre miglia si fermarono, tornarono indietro e la riportarono indietro.

走了三英里后，他们停下来，又返回，并把她抬了回来。

La ricaricarono sulla slitta, usando ancora una volta la forza bruta.

他们再次用蛮力将她抬到雪橇上。

Nella loro profonda miseria, erano insensibili alla sofferenza dei cani.

在深深的痛苦中，他们对狗的痛苦无动于衷。

Hal credeva che fosse necessario indurirsi e impose questa convinzione agli altri.

哈尔认为一个人必须变得坚强，并将这种信念强加于他人。

Inizialmente ha cercato di predicare la sua filosofia a sua sorella

他首先尝试向他的妹妹宣扬他的哲学

e poi, senza successo, predicò al cognato.

然后，他又向他的姐夫传道，但没有成功。

Ebbe più successo con i cani, ma solo perché li ferì.

他在训狗方面取得了更大的成功，但这只是因为他伤害了它们。

Da Five Fingers, il cibo per cani è rimasto completamente vuoto.

在 Five Fingers，狗粮已经完全吃完了。

Una vecchia squaw sdentata vendette qualche chilo di pelle di cavallo congelata

一个没有牙齿的老女人卖了几磅冷冻马皮

Hal scambiò la sua pistola con la pelle di cavallo secca.

哈尔用他的左轮手枪换了一张干马皮。

La carne proveniva dai cavalli affamati di allevatori di bovini, morti mesi prima.

这些肉来自几个月前牧场主饿死的马。

Congelata, la pelle era come ferro zincato: dura e immangiabile.

冷冻后，兽皮就像镀锌的铁一样，坚硬且无法食用。

Per riuscire a mangiarla, i cani dovevano masticare la pelle senza sosta.

狗必须不停地咀嚼兽皮才能吃掉它。

Ma le corde coriacee e i peli corti non erano certo un nutrimento.

但坚韧的绳索和短毛几乎不能提供任何营养。

La maggior parte della pelle era irritante e non era cibo in senso stretto.

大部分兽皮都具有刺激性，并且不是真正意义上的食物。

E nonostante tutto, Buck barcollava davanti a tutti, come in un incubo.

而在整个过程中，巴克在前面摇摇晃晃，就像在一场噩梦中一样。

Quando poteva, tirava; quando non poteva, restava lì finché non veniva sollevato dalla frusta o dal bastone.

能拉的时候他就拉；不能拉的时候他就躺着，直到用鞭子或棍棒把他拉起来。

Il suo pelo fine e lucido aveva perso tutta la rigidità e la lucentezza di un tempo.

他那细腻光滑的皮毛已经失去了昔日的坚硬和光泽。

I suoi capelli erano flosci, spettinati e pieni di sangue rappreso a causa dei colpi.

他的头发松软、凌乱，上面沾满了被打后留下的干血。

I suoi muscoli si ridussero a midolli e i cuscinetti di carne erano tutti consumati.

他的肌肉萎缩成条状，肉垫全部磨损。

Ogni costola, ogni osso erano chiaramente visibili attraverso le pieghe della pelle rugosa.

每根肋骨、每根骨头都透过皱巴巴的皮肤清晰地显露出来。

Fu straziante, ma il cuore di Buck non riuscì a spezzarsi.

这令人心碎，但巴克的心却无法破碎。

L'uomo con il maglione rosso lo aveva testato e dimostrato molto tempo prima.

穿红毛衣的男人很久以前就测试过并证明了这一点。

Così come accadde a Buck, accadde anche a tutti i suoi compagni di squadra rimasti.

巴克的情况如此，他剩下的队友也同样如此。

Ce n'erano sette in totale, ognuno uno scheletro ambulante di miseria.

总共有七个，每一个都是行走的痛苦骷髅。

Erano diventati insensibili alle fruste e sentivano solo un dolore distante.

他们已经对鞭打麻木了，只感觉到遥远的痛苦。

Anche la vista e i suoni li raggiungevano debolmente, come attraverso una fitta nebbia.

他们甚至连视觉和听觉都难以察觉，就像透过浓雾一样。

Non erano mezzi vivi: erano ossa con deboli scintille al loro interno.

它们不再是半死不活的——

它们只是骨头，里面却闪烁着微弱的火花。

Una volta fermati, crollarono come cadaveri, con le scintille quasi del tutto spente.

当它们停下来时，它们就像尸体一样倒下，身上的火花几乎消失了。

E quando la frusta o il bastone colpivano di nuovo, le scintille sfarfallavano debolmente.

当鞭子或棍棒再次击打时，火花就会无力地闪烁。

Poi si alzarono, barcollarono in avanti e trascinarono le loro membra in avanti.

然后他们站起身，蹒跚地向前走去，拖着四肢。

Un giorno il gentile Billee cadde e non riuscì più a rialzarsi.

有一天，善良的比利倒下了，再也站不起来了。

Hal aveva scambiato la sua pistola con quella di Billee, così decise di ucciderla con un'ascia.

哈尔已经换了他的左轮手枪，所以他用斧头杀死了比利。

Lo colpì alla testa, poi gli tagliò il corpo e lo trascinò via.

他击打了那人的头部，然后把他的身体砍断并拖走。

Buck se ne accorse, e così fecero anche gli altri: sapevano che la morte era vicina.

巴克看到了这一幕，其他人也看到了；他们知道死亡即将来临。

Il giorno dopo Koona se ne andò, lasciando solo cinque cani nel gruppo affamato.

第二天，库纳就走了，只留下五只饥饿的狗留在队伍里。

Joe, non più cattivo, era ormai troppo fuori di sé per rendersi conto di nulla.

乔不再那么卑鄙，但他已经完全失去了意识。

Pike, ormai non fingeva più di essere ferito, era appena cosciente.

派克不再假装受伤，几乎失去了意识。

Solleks, ancora fedele, si rammaricava di non avere più la forza di dare.

索莱克斯仍然忠诚，他哀叹自己没有力量给予。

Teek fu battuto più di tutti perché era più fresco, ma stava calando rapidamente.

蒂克之所以遭受打击最为严重，是因为他体能较为充沛，但状态却很快下滑。

E Buck, ancora in testa, non mantenne più l'ordine né lo fece rispettare.

而巴克，仍然处于领先地位，不再维持秩序或执行秩序。

Mezzo accecato dalla debolezza, Buck seguì la pista solo a tentoni.

由于虚弱，巴克几乎失去了视力，只能凭感觉追踪。

Era una bellissima primavera, ma nessuno di loro se ne accorse.

春天的天气真好，但他们却没有一个人注意到。

Ogni giorno il sole sorgeva prima e tramontava più tardi.

每天太阳都比以前升得更早，落得更晚。

Alle tre del mattino era già spuntata l'alba; il crepuscolo durò fino alle nove.

凌晨三点，黎明到来；暮色一直持续到晚上九点。

Le lunghe giornate erano illuminate dal sole primaverile.

漫长的日子里，春日的阳光灿烂无比。

Il silenzio spettrale dell'inverno si era trasformato in un caldo mormorio.

冬日里幽灵般的寂静已变成温暖的低语。

Tutta la terra si stava svegliando, animata dalla gioia degli esseri viventi.

整片大地都苏醒了，充满了生机勃勃的欢乐。

Il suono proveniva da ciò che era rimasto morto e immobile per tutto l'inverno.

这声音来自冬天里死寂的土地。

Ora quelle cose si mossero di nuovo, scrollandosi di dosso il lungo sonno del gelo.

现在，那些东西又动了起来，摆脱了漫长的霜冻沉睡。

La linfa saliva attraverso i tronchi scuri dei pini in attesa.

树液正从等待的松树的黑色树干中涌出。

Salici e pioppi tremuli fanno sbocciare giovani gemme luminose su ogni ramoscello.

柳树和白杨树的每根小枝上都冒出了鲜艳的嫩芽。

Arbusti e viti si tingono di un verde fresco mentre il bosco si anima.

树林里充满了生机，灌木和藤蔓也披上了新的绿装。

Di notte i grilli cantavano e di giorno gli insetti strisciavano nella luce del sole.

蟋蟀在夜晚鸣叫，虫子在白天阳光下爬行。

Le pernici gridavano e i picchi picchiavano in profondità tra gli alberi.

鹧鸪鸣叫，啄木鸟在树丛深处啄木。

Gli scoiattoli chiacchieravano, gli uccelli cantavano e le oche starnazzavano per richiamare l'attenzione dei cani.

松鼠叽叽喳喳，鸟儿歌唱，鹅在狗的叫声中鸣叫。

Gli uccelli selvatici arrivavano a cunei affilati, volando in alto da sud.

野禽成群结队，从南方飞来。

Da ogni pendio giungeva la musica di ruscelli nascosti e impetuosi.

每座山坡上都传来隐秘的、奔腾的溪水的音乐。

Tutto si scongelava e si spezzava, si piegava e ricominciava a muoversi.

一切事物都解冻、断裂、弯曲，然后重新开始运动。

Lo Yukon si sforzò di spezzare le fredde catene del ghiaccio ghiacciato.

育空河竭尽全力挣脱冰冻冰层的束缚。

Il ghiaccio si scioglieva sotto, mentre il sole lo scioglieva dall'alto.

冰在下面融化，而太阳从上面融化它。

Si aprirono dei buchi, si allargarono delle crepe e dei pezzi caddero nel fiume.

气孔打开，裂缝扩大，大块碎石掉入河中。

In mezzo a tutta questa vita sfrenata e sfrenata, i viaggiatori barcollavano.

在这片生机勃勃、绚烂夺目的生命中，旅人们步履蹒跚。

Due uomini, una donna e un branco di husky camminavano come morti.

两个男人、一个女人和一群哈士奇像死人一样行走。

I cani cadevano, Mercedes piangeva, ma continuava a guidare la slitta.

狗不断摔倒，梅赛德斯哭了，但仍然骑着雪橇。

Hal imprecò debolmente e Charles sbatté le palpebre con gli occhi lacrimanti.

哈尔无力地咒骂了一句，查尔斯则眨着泪眼。

Si imbatterono nell'accampamento di John Thornton, nei pressi della foce del White River.

他们跌跌撞撞地闯入了怀特河河口附近的约翰·桑顿的营地。

Quando si fermarono, i cani caddero a terra, come se fossero stati tutti colpiti a morte.

当他们停下来时，狗就倒下了，好像全部死了一样。

Mercedes si asciugò le lacrime e guardò John Thornton.

梅赛德斯擦干眼泪，看着约翰·桑顿。

Charles si sedette su un tronco, lentamente e rigidamente, dolorante per il sentiero.

查尔斯坐在一根圆木上，动作缓慢而僵硬，因为走了这么远的路而感到疼痛。

Hal parlava mentre Thornton intagliava l'estremità del manico di un'ascia.

当桑顿雕刻斧柄末端时，哈尔负责讲话。

Tagliò il legno di betulla e rispose con frasi brevi e decise.

他削着桦木，并给出了简短而坚定的回答。

Quando gli veniva chiesto, dava un consiglio, certo che non sarebbe stato seguito.

当被问及时，他给出了建议，但肯定不会被采纳。

Hal spiegò: "Ci avevano detto che il ghiaccio lungo la pista si stava staccando".

哈尔解释说："他们告诉我们，路上的冰正在融化。"

"Ci avevano detto che dovevamo restare fermi, ma siamo arrivati a White River."

"他们说我们应该留在原地——
但我们还是到达了白河。"

Concluse con un tono beffardo, come per cantare vittoria nelle difficoltà.

他最后用一种嘲讽的语气说道，仿佛在宣告苦难中的胜利。

"E ti hanno detto la verità", rispose John Thornton a bassa voce ad Hal.

"他们告诉你的是真的，"约翰·桑顿平静地回答哈尔。

"Il ghiaccio potrebbe cedere da un momento all'altro: è pronto a staccarsi."

"冰随时可能崩塌——它随时都会掉下来。"

"Solo la fortuna cieca e gli sciocchi avrebbero potuto arrivare vivi fin qui."

"只有盲目的运气和傻瓜才能活着走到今天。"

"Te lo dico senza mezzi termini: non rischierei la vita per tutto l'oro dell'Alaska."

"我实话告诉你，我不会为了阿拉斯加的所有黄金而冒生命危险。"

"Immagino che tu non sia uno stupido", rispose Hal.

"我想那是因为你不是傻瓜，"哈尔回答道。

"Comunque, andiamo avanti con Dawson." Srotolò la frusta.
"不管怎样，我们还是要去道森。" 他解开了鞭子。

"Sali, Buck! Ehi! Alzati! Forza!" urlò con voce roca.
"快上来，巴克！嗨！起来！快！" 他厉声喊道。

Thornton continuò a intagliare, sapendo che gli sciocchi non volevano sentire ragioni.
桑顿继续削木头，他知道傻瓜不会听道理。

Fermare uno stupido era inutile, e due o tre stupidi non cambiavano nulla.
阻止一个傻瓜是徒劳的——
两三个傻瓜被骗也改变不了什么。

Ma la squadra non si mosse al suono del comando di Hal.
但听到哈尔的命令，队伍却没有动。

Ormai solo i colpi potevano farli sollevare e avanzare.
现在，只有打击才能让他们站起来并向前迈进。

La frusta schioccava ripetutamente sui cani indeboliti.
鞭子一次又一次地抽打着那些虚弱的狗。

John Thornton strinse forte le labbra e osservò in silenzio.
约翰·桑顿紧闭双唇，默默地看着。

Solleks fu il primo a rialzarsi sotto la frusta.
索莱克斯第一个在鞭子下爬起来。

Poi Teek lo seguì, tremando. Joe urlò mentre barcollava.
蒂克也跟着他，浑身颤抖。乔踉跄着爬起来，发出一声尖叫。

Pike cercò di alzarsi, fallì due volte, poi alla fine si rialzò barcollando.
派克尝试站起来，失败了两次，最后摇摇晃晃地站了起来。

Ma Buck rimase lì dov'era caduto, senza muoversi affatto.
但巴克躺在倒下的地方，一动不动。

La frusta lo colpì più volte, ma lui non emise alcun suono.
鞭子一遍遍地抽打着他，但他却没有发出任何声音。

Lui non sussultò né oppose resistenza, rimase semplicemente immobile e in silenzio.

他没有退缩或反抗，只是保持静止和安静。

Thornton si mosse più di una volta, come per dire qualcosa, ma non lo fece.

桑顿动了好几次，似乎想说话，但又没有说。

I suoi occhi si inumidirono, ma la frusta continuava a schioccare contro Buck.

他的眼睛湿润了，但鞭子仍然抽打着巴克。

Alla fine Thornton cominciò a camminare lentamente, incerto sul da farsi.

最后，桑顿开始慢慢地踱步，不知道该做什么。

Era la prima volta che Buck falliva e Hal si infuriò.

这是巴克第一次失败，哈尔非常愤怒。

Gettò via la frusta e prese al suo posto il pesante manganello.

他扔掉鞭子，拿起沉重的棍棒。

La mazza di legno colpì con violenza, ma Buck non si alzò per muoversi.

木棍重重地砸了下来，但巴克仍然没有起身动弹。

Come i suoi compagni di squadra, era troppo debole, ma non solo.

和他的队友一样，他太弱了——但还不止于此。

Buck aveva deciso di non muoversi, qualunque cosa accadesse.

巴克决定不管接下来发生什么，都不动。

Sentì qualcosa di oscuro e sicuro incombere proprio davanti a sé.

他感觉到前方有某种黑暗而确定的东西在徘徊。

Quel terrore lo aveva colto non appena aveva raggiunto la riva del fiume.

他一到达河岸就感到恐惧。

Quella sensazione non lo aveva abbandonato da quando aveva sentito il ghiaccio assottigliarsi sotto le zampe.

自从他感觉到爪子下的冰变薄以来，这种感觉就一直没有消失。

Qualcosa di terribile lo stava aspettando: lo sentiva proprio lungo il sentiero.

某种可怕的事情正在等待着他——

他感觉到它就在小路的尽头。

Non avrebbe camminato verso quella cosa terribile davanti a lui

他不会走向前面那个可怕的东西

Non avrebbe obbedito a nessun ordine che lo avrebbe condotto a quella cosa.

他不会服从任何带他去做那件事的命令。

Ormai il dolore dei colpi non lo sfiorava più: era troppo stanco.

现在他几乎感觉不到打击的痛苦了——

他已经筋疲力尽了。

La scintilla della vita tremolava lentamente, affievolita da ogni colpo crudele.

生命的火花在每一次残酷的打击下都摇曳不定，变得暗淡。

Gli arti gli sembravano distanti; tutto il corpo sembrava appartenere a un altro.

他的四肢感觉很遥远；他的整个身体似乎属于另一个人。

Sentì uno strano torpore mentre il dolore scompariva completamente.

当疼痛完全消失时，他感到一种奇怪的麻木感。

Da lontano, sentiva che lo stavano picchiando, ma non se ne rendeva conto.

从很远的地方，他就感觉到自己被打败了，但几乎不知道。

Poteva udire debolmente i tonfi, ma ormai non gli facevano più male.

他能隐隐听到砰砰的声音，但已经不再感到疼痛了。

I colpi andarono a segno, ma il suo corpo non sembrava più il suo.

打击仍在，但他的身体似乎不再是他自己的了。

Poi, all'improvviso, senza alcun preavviso, John Thornton lanciò un grido selvaggio.

突然，没有任何预兆，约翰·桑顿发出一声狂野的叫喊。

Era inarticolato, più il grido di una bestia che di un uomo.

它的声音含糊不清，与其说是人的叫声，不如说是野兽的叫声。

Si lanciò sull'uomo con la mazza e fece cadere Hal all'indietro.

他向手持棍棒的男子扑去，并将哈尔击退。

Hal volò come se fosse stato colpito da un albero, atterrando pesantemente al suolo.

哈尔像被树击中一样飞了出去，重重地摔在地上。

Mercedes urlò a gran voce in preda al panico e si portò le mani al viso.

梅赛德斯惊慌地大声尖叫并捂住自己的脸。

Charles si limitò a guardare, si asciugò gli occhi e rimase seduto.

查尔斯只是看着，擦了擦眼睛，然后坐着。

Il suo corpo era troppo irrigidito dal dolore per alzarsi o contribuire alla lotta.

他的身体因疼痛而僵硬，无法站起来或参与战斗。

Thornton era in piedi davanti a Buck, tremante di rabbia, incapace di parlare.

桑顿站在巴克身边，气得浑身发抖，说不出话来。

Tremava di rabbia e lottò per trovare la voce.

他愤怒得浑身发抖，努力发出自己的声音。

"Se colpisci ancora quel cane, ti uccido", disse infine.

"如果你再打那条狗，我就杀了你，"他最后说道。

Hal si asciugò il sangue dalla bocca e tornò avanti.

哈尔擦掉嘴上的血，再次走上前来。

"È il mio cane", borbottò. "Togliti di mezzo o ti sistemo io."

"这是我的狗，"他低声说道，"走开，不然我就揍你。"

"Vado da Dawson e tu non mi fermerai", ha aggiunto.

"我要去道森，你别阻止我，"他补充道。

Thornton si fermò tra Buck e il giovane arrabbiato.

桑顿坚定地站在巴克和愤怒的年轻人之间。

Non aveva alcuna intenzione di farsi da parte o di lasciar passare Hal.

他没有让开或让哈尔过去的意思。

Hal tirò fuori il suo coltello da caccia, lungo e pericoloso nella sua mano.

哈尔拔出手中那把又长又危险的猎刀。

Mercedes urlò, poi pianse, poi rise in preda a un'isteria selvaggia.

梅赛德斯尖叫起来，然后哭泣，最后歇斯底里地大笑起来。

Thornton colpì la mano di Hal con il manico dell'ascia, con forza e rapidità.

桑顿用斧头柄猛烈而快速地击打哈尔的手。

Il coltello si liberò dalla presa di Hal e volò a terra.

刀从哈尔手中脱落，飞落到地上。

Hal cercò di raccogliere il coltello, ma Thornton gli batté di nuovo le nocche.

哈尔试图拿起刀，桑顿再次敲击他的指关节。

Poi Thornton si chinò, afferrò il coltello e lo tenne fermo.

然后桑顿弯下腰，抓起刀，握住它。

Con due rapidi colpi del manico dell'ascia, tagliò le redini di Buck.

他用斧柄快速砍了两下，砍断了巴克的缰绳。

Hal non aveva più voglia di combattere e si allontanò dal cane.

哈尔再也没有抵抗的迹象，他从狗身边退了回去。

Inoltre, ora Mercedes aveva bisogno di entrambe le braccia per restare in piedi.

此外，梅赛德斯现在需要双臂来保持直立。

Buck era troppo vicino alla morte per poter nuovamente tirare la slitta.

巴克已经濒临死亡，无法再拉雪橇了。

Pochi minuti dopo, ripartirono, dirigendosi verso il fiume.

几分钟后，他们起航，顺流而下。

Buck sollevò debolmente la testa e li guardò lasciare la banca.

巴克无力地抬起头，目送他们离开银行。

Pike guidava la squadra, con Solleks dietro al volante.

派克（Pike）带领团队，索莱克斯（Solleks）则在队伍后方担任方向盘手。

Joe e Teek camminavano in mezzo, zoppicando entrambi per la stanchezza.

乔和蒂克走在中间，两人都因疲惫而一瘸一拐。

Mercedes si sedette sulla slitta e Hal afferrò la lunga pertica.

梅赛德斯坐在雪橇上，哈尔则紧握着长长的北极熊杆。

Charles barcollava dietro di lui, con passi goffi e incerti.

查尔斯跌跌撞撞地跟在后面，脚步笨拙而蹒跚。

Thornton si inginocchiò accanto a Buck e tastò delicatamente per vedere se aveva ossa rotte.

桑顿跪在巴克身边，轻轻地摸索着他断裂的骨头。

Le sue mani erano ruvide, ma si muovevano con gentilezza e cura.

他的双手粗糙，却充满善良和关怀。

Il corpo di Buck era pieno di lividi, ma non presentava lesioni permanenti.

巴克的身体受了伤，但没有留下永久的伤痕。

Ciò che restava era una fame terribile e una debolezza quasi totale.

剩下的只有极度的饥饿和近乎完全的虚弱。

Quando la situazione fu più chiara, la slitta era già andata molto a valle.

等到一切明朗起来时，雪橇已经顺着河流走了很远。

L'uomo e il cane osservavano la slitta avanzare lentamente sul ghiaccio che si rompeva.

男人和狗看着雪橇慢慢地爬过龟裂的冰面。

Poi videro la slitta sprofondare in una cavità.

然后，他们看到雪橇陷入了一个凹陷中。

La pertica volò in alto, ma Hal vi si aggrappò ancora invano.
导航杆飞了起来，哈尔仍然徒劳地抓住它。

L'urlo di Mercedes li raggiunse attraverso la fredda distanza.
梅赛德斯的尖叫声穿过寒冷的距离传到了他们耳中。

Charles si voltò e fece un passo indietro, ma era troppo tardi.
查尔斯转身向后退——但是已经太迟了。

Un'intera calotta di ghiaccio cedette e tutti precipitarono.
整个冰盖崩塌了，他们都掉了下去。

Cani, slitte e persone scomparvero nelle acque nere
sottostanti.
狗、雪橇和人们都消失在下面的黑色水中。

Nel punto in cui erano passati era rimasto solo un largo buco
nel ghiaccio.
他们经过的地方，冰面上只留下了一个大洞。

Il fondo del sentiero era crollato, proprio come aveva
previsto Thornton.
正如桑顿警告的那样，小路的底部已经塌陷。

Thornton e Buck si guardarono l'un l'altro, in silenzio per un
momento.
桑顿和巴克互相看了一眼，沉默了一会儿。

"Povero diavolo", disse Thornton dolcemente, e Buck gli
leccò la mano.
"你这个可怜的家伙，" 桑顿轻声说道，巴克舔了舔
他的手。

Per amore di un uomo
《为了男人的爱》

John Thornton si congelò i piedi per il freddo del dicembre precedente.

去年 12 月的寒冷让约翰·桑顿的脚冻伤了。

I suoi compagni lo fecero sentire a suo agio e lo lasciarono guarire da solo.

他的伙伴们让他感到舒适并让他独自康复。

Risalirono il fiume per raccogliere una zattera di tronchi da sega per Dawson.

他们沿河而上，为道森收集了一筏锯木。

Zoppicava ancora leggermente quando salvò Buck dalla morte.

当他把巴克从死亡线上救回来时，他仍然有些跛行。

Ma con il persistere del caldo, anche quella zoppia è scomparsa.

但随着天气持续变暖，连那种跛行也消失了。

Sdraiato sulla riva del fiume durante le lunghe giornate primaverili, Buck si riposò.

漫长的春日里，巴克躺在河岸边休息。

Osservava l'acqua che scorreva e ascoltava gli uccelli e gli insetti.

他看着流水，聆听鸟鸣虫叫。

Lentamente Buck riacquistò le forze sotto il sole e il cielo.

在阳光和天空的照耀下，巴克慢慢地恢复了体力。

Dopo aver viaggiato tremila miglia, riposarsi è stato meraviglioso.

旅途三千里之后，休息一下感觉真好。

Buck diventò pigro man mano che le sue ferite guarivano e il suo corpo si riempiva.

随着伤口的愈合和身体的长大，巴克变得懒惰起来。

I suoi muscoli si rassodarono e la carne tornò a ricoprire le sue ossa.

他的肌肉变得结实，血肉重新覆盖住他的骨头。

Stavano tutti riposando: Buck, Thornton, Skeet e Nig.

他们都在休息——巴克、桑顿、斯基特和尼格。

Aspettarono la zattera che li avrebbe portati a Dawson.

他们等待着载他们去道森的木筏。

Skeet era un piccolo setter irlandese che fece amicizia con Buck.

斯基特是一只小爱尔兰塞特犬，它和巴克是好朋友。

Buck era troppo debole e malato per resisterle al loro primo incontro.

第一次见面时，巴克因身体虚弱、病情严重而无法拒绝她。

Skeet aveva la caratteristica di guaritore che alcuni cani possiedono per natura.

斯基特具有某些狗天生具有的治疗特质。

Come una gatta, leccò e pulì le ferite aperte di Buck.

就像一只母猫一样，她舔舐并清理巴克的伤口。

Ogni mattina, dopo colazione, ripeteva il suo attento lavoro.

每天早晨吃完早餐后，她又重复着细致的工作。

Buck finì per aspettarsi il suo aiuto tanto quanto quello di Thornton.

巴克开始期待她的帮助，就像他期待桑顿的帮助一样。

Anche Nig era amichevole, ma meno aperto e meno affettuoso.

Nig 也很友好，但不太开放，也不太热情。

Nig era un grosso cane nero, in parte segugio e in parte levriero.

尼格是一只大黑狗，一半是猎犬，一半是猎鹿犬。

Aveva occhi sorridenti e un'infinita bontà d'animo.

他有着爱笑的眼睛和无尽的善良。

Con sorpresa di Buck, nessuno dei due cani mostrò gelosia nei suoi confronti.

令巴克惊讶的是，两只狗都没有对他表现出嫉妒。

Sia Skeet che Nig condividevano la gentilezza di John Thornton.

Skeet 和 Nig 都秉承了 John Thornton 的善良。

Man mano che Buck diventava più forte, lo attiravano in stupidi giochi da cani.

随着巴克变得越来越强壮，他们引诱他参与愚蠢的狗游戏。

Anche Thornton giocava spesso con loro, incapace di resistere alla loro gioia.

桑顿也经常和它们一起玩耍，无法抗拒它们的快乐。

In questo modo giocoso, Buck passò dalla malattia a una nuova vita.

巴克就这样嬉戏的方式从病痛中走向了新生。

L'amore, quello vero, ardente e passionale, era finalmente suo.

他终于得到了爱情——真挚、炽热、热烈的爱情。

Non aveva mai conosciuto questo tipo di amore nella tenuta di Miller.

他在米勒的庄园里从未感受到过这种爱。

Con i figli del giudice aveva condiviso lavoro e avventure.

他与法官的儿子们一起工作、一起冒险。

Nei nipoti notò un orgoglio rigido e vanitoso.

在这些孙子身上，他看到了僵硬而自负的骄傲。

Con lo stesso giudice Miller aveva un rapporto di rispettosa amicizia.

他与米勒法官本人保持着令人尊敬的友谊。

Ma l'amore che era fuoco, follia e adorazione era ciò che accadeva con Thornton.

但桑顿却对爱情充满了热情、疯狂和崇拜。

Quest'uomo aveva salvato la vita di Buck, e questo di per sé significava molto.

这个人救了巴克的命，仅此一点就意义重大。

Ma più di questo, John Thornton era il tipo ideale di maestro.

但更重要的是，约翰·桑顿是一位理想的大师。

Altri uomini si prendevano cura dei cani per dovere o per necessità lavorative.

其他人则出于职责或业务需要而照顾狗。

John Thornton si prendeva cura dei suoi cani come se fossero figli.

约翰·桑顿照顾他的狗就像照顾自己的孩子一样。

Si prendeva cura di loro perché li amava e semplicemente non poteva farne a meno.

他关心他们，因为他爱他们，而且他根本就无法控制自己。

John Thornton vide molto più lontano di quanto la maggior parte degli uomini riuscisse mai a vedere.

约翰·桑顿的眼光比大多数人看得更远。

Non dimenticava mai di salutarli gentilmente o di pronunciare una parola di incoraggiamento.

他从不忘记热情地问候他们，或者说一句鼓励的话。

Amava sedersi con i cani per fare lunghe chiacchierate, o "gassy", come diceva lui.

他喜欢和狗坐在一起长谈，或者用他的话说，"聊聊天"。

Gli piaceva afferrare bruscamente la testa di Buck tra le sue mani forti.

他喜欢用强壮的手粗鲁地抓住巴克的头。

Poi appoggiò la testa contro quella di Buck e lo scosse delicatamente.

然后他把自己的头靠在巴克的头上，轻轻地摇晃着他。

Nel frattempo, chiamava Buck con nomi volgari che per lui significavano affetto.

他一直用粗鲁的名字辱骂巴克，但对巴克来说，这其实是爱。

Per Buck, quell'abbraccio rude e quelle parole portarono una gioia profonda.

对于巴克来说，那个粗暴的拥抱和那些话语给他带来了深深的快乐。

A ogni movimento il suo cuore sembrava sussultare di felicità.

他的每一个动作都让他的心快乐得仿佛要跳起来。

Quando poi balzò in piedi, la sua bocca sembrava ridere.

当他随后跳起来时，他的嘴看起来像是在笑。

I suoi occhi brillavano intensamente e la sua gola tremava per una gioia inespressa.

他的眼睛闪闪发光，喉咙因无言的喜悦而颤抖。

Il suo sorriso rimase immobile in quello stato di emozione e affetto ardente.

在那种激动和炽热的爱意中，他的笑容静止不动。

Allora Thornton esclamò pensieroso: "Dio! Riesce quasi a parlare!"

然后桑顿若有所思地惊呼道："天哪！他几乎能说话了！"

Buck aveva uno strano modo di esprimere l'amore che quasi gli causava dolore.

巴克表达爱的方式很奇怪，几乎会造成痛苦。

Spesso stringeva forte la mano di Thornton tra i denti.

他经常用牙齿紧紧咬住桑顿的手。

Il morso avrebbe lasciato segni profondi che sarebbero rimasti per qualche tempo.

咬伤会留下深深的痕迹，并且会持续一段时间。

Buck credeva che quei giuramenti fossero amore, e Thornton la pensava allo stesso modo.

巴克相信这些誓言就是爱，桑顿也这么认为。

Il più delle volte, l'amore di Buck si manifestava in un'adorazione silenziosa, quasi silenziosa.

大多数时候，巴克的爱表现为安静、几乎无声的崇拜。

Sebbene fosse emozionato quando veniva toccato o gli si parlava, non cercava attenzione.

尽管当被触摸或被说话时他很兴奋，但他并不寻求关注。

Skeet spinse il naso sotto la mano di Thornton finché lui non la accarezzò.

斯基特用鼻子轻轻推着桑顿的手，直到他抚摸她。

Nig si avvicinò silenziosamente e appoggiò la sua grande testa sulle ginocchia di Thornton.

尼格静静地走上前去，将他的大脑袋靠在桑顿的膝盖上。

Buck, al contrario, si accontentava di amare da una rispettosa distanza.

相比之下，巴克满足于保持距离去爱。

Rimase sdraiato per ore ai piedi di Thornton, vigile e attento.

他连续几个小时躺在桑顿的脚边，保持警惕并密切观察。

Buck studiò ogni dettaglio del volto del suo padrone, perfino il più piccolo movimento.

巴克仔细观察主人脸上的每一个细节和最细微的动作。

Oppure sdraiati più lontano, studiando in silenzio la sagoma dell'uomo.

或者躺在更远的地方，默默地观察着那个男人的身影。

Buck osservava ogni piccolo movimento, ogni cambiamento di postura o di gesto.

巴克观察着每一个细微的动作、每一个姿势或手势的变化。

Questo legame era così potente che spesso catturava lo sguardo di Thornton.

这种联系如此强大，常常吸引桑顿的目光。

Incontrò lo sguardo di Buck senza dire parole, e il suo amore traspariva chiaramente.

他无言地看着巴克的眼睛，眼中却闪耀着爱意。

Per molto tempo dopo essere stato salvato, Buck non perse mai di vista Thornton.

获救后很长一段时间，巴克都没有让桑顿离开他的视线。

Ogni volta che Thornton usciva dalla tenda, Buck lo seguiva da vicino all'esterno.

每当桑顿离开帐篷时，巴克都会紧紧跟随他出去。

Tutti i severi padroni delle Terre del Nord avevano fatto sì che Buck non riuscisse più a fidarsi.

北国所有严酷的主人都让巴克不敢相信。

Temeva che nessun uomo potesse restare suo padrone se non per un breve periodo.

他担心没有人能够长期担任他的主人。

Temeva che John Thornton sarebbe scomparso come Perrault e François.

他担心约翰·桑顿会像佩罗和弗朗索瓦一样消失。

Anche di notte, la paura di perderlo tormentava il sonno agitato di Buck.

甚至在晚上，失去他的恐惧仍然困扰着巴克不安的睡眠。

Quando Buck si svegliò, si trascinò fuori al freddo e andò nella tenda.

巴克醒来后，便蹑手蹑脚地走进寒冷的帐篷。

Ascoltò attentamente il leggero suono del suo respiro interiore.

他仔细聆听里面轻微的呼吸声。

Nonostante il profondo amore di Buck per John Thornton, la natura selvaggia sopravvisse.

尽管巴克深爱着约翰·桑顿，但荒野依然存在。

Quell'istinto primitivo, risvegliatosi nel Nord, non scomparve.

在北方被唤醒的原始本能并没有消失。

L'amore portava devozione, lealtà e il caldo legame attorno al fuoco.

爱情带来奉献、忠诚和炉边的温暖纽带。

Ma Buck mantenne anche i suoi istinti selvaggi, acuti e sempre all'erta.

但巴克也保留着他的野性本能，敏锐而警惕。

Non era solo un animale domestico addomesticato proveniente dalle dolci terre della civiltà.

他不仅仅是一只来自文明柔软土地的驯服宠物。

Buck era un essere selvaggio che si era seduto accanto al fuoco di Thornton.

巴克是个野人,他来到桑顿的火堆旁坐着。

Sembrava un cane del Southland, ma in lui albergava la natura selvaggia.

他看上去像一条南国狗,但内心却充满野性。

Il suo amore per Thornton era troppo grande per permettersi un furto da parte di quell'uomo.

他对桑顿的爱太深了,他不允许桑顿偷窃他的东西。

Ma in qualsiasi altro campo ruberebbe con audacia e senza esitazione.

但在任何其他营地,他都会大胆地、毫不犹豫地偷窃。

Era così abile nel rubare che nessuno riusciva a catturarlo o accusarlo.

他偷窃非常聪明,所以没有人能抓住他或指控他。

Il suo viso e il suo corpo erano coperti di cicatrici dovute a molti combattimenti passati.

他的脸上和身上布满了过去多次战斗留下的伤疤。

Buck continuava a combattere con ferocia, ma ora lo faceva con maggiore astuzia.

巴克的战斗依然凶猛,但现在他的战斗更加狡猾。

Skeet e Nig erano troppo docili per combattere, ed erano di Thornton.

Skeet 和 Nig 性格太温和,不适合打架,而且他们是 Thornton 的。

Ma qualsiasi cane estraneo, non importa quanto forte o coraggioso, cedeva.

但任何陌生的狗,无论多么强壮或勇敢,都会屈服。

Altrimenti, il cane si ritrovò a combattere contro Buck, lottando per la propria vita.

否则,这只狗就会发现自己正在与巴克搏斗;为自己的生命而战。

Buck non ebbe pietà quando decise di combattere contro un altro cane.

一旦巴克选择与另一只狗打架，它就不会留情面。

Aveva imparato bene la legge del bastone e della zanna nel Nord.

他在北国已经很好地学会了棍棒和尖牙的法则。

Non ha mai rinunciato a un vantaggio e non si è mai tirato indietro dalla battaglia.

他从不放弃优势，也从不退缩。

Aveva studiato Spitz e i cani più feroci della polizia e della posta.

他研究过斯皮茨犬以及最凶猛的邮犬和警犬。

Sapeva chiaramente che non esisteva via di mezzo in un combattimento selvaggio.

他很清楚，野外战斗中没有中间地带。

Doveva governare o essere governato; mostrare misericordia significava mostrare debolezza.

他必须统治，否则就被统治；表现出仁慈就意味着表现出软弱。

La pietà era sconosciuta nel mondo crudo e brutale della sopravvivenza.

在残酷而原始的生存世界中，仁慈是不存在的。

Mostrare pietà era visto come un atto di paura, e la paura conduceva rapidamente alla morte.

表现出仁慈会被视为恐惧，而恐惧很快就会导致死亡。

La vecchia legge era semplice: uccidere o essere uccisi, mangiare o essere mangiati.

旧法律很简单：杀或被杀，吃或被吃。

Quella legge proveniva dalle profondità del tempo e Buck la seguì alla lettera.

这条法则源自时间的深处，而巴克也完全遵循了它。

Buck era più vecchio dei suoi anni e del numero dei suoi respiri.

巴克的年龄比他的实际年龄和呼吸次数要大。

Collegava in modo chiaro il passato remoto con il momento presente.

他将古老的过去与现在清晰地联系在一起。

I ritmi profondi dei secoli si muovevano attraverso di lui come le maree.

时代的深沉韵律如同潮水般涌过他的心头。

Il tempo pulsava nel suo sangue con la stessa sicurezza con cui le stagioni muovevano la terra.

时间在他的血液中跳动，就如季节在地球上移动一样。

Sedeva accanto al fuoco di Thornton, con il petto forte e le zanne bianche.

他坐在桑顿的火堆旁，胸膛强健，牙齿洁白。

La sua lunga pelliccia ondeggiava, ma dietro di lui lo osservavano gli spiriti dei cani selvatici.

他的长毛飘扬，但在他身后，野狗的灵魂注视着他。

Lupi mezzi e lupi veri si agitavano nel suo cuore e nei suoi sensi.

半狼与全狼在他的内心和感官中激荡。

Assaggiarono la sua carne e bevvero la stessa acqua che bevve lui.

他们尝了他的肉，喝了和他一样的水。

Annusarono il vento insieme a lui e ascoltarono la foresta.

他们和他一起嗅着风的气息，聆听着森林的声音。

Sussurravano il significato dei suoni selvaggi nell'oscurità.

他们在黑暗中低声诉说着野外声音的含义。

Modellavano il suo umore e guidavano ciascuna delle sue reazioni silenziose.

它们塑造了他的情绪并引导他的每一个安静的反应。

Giacevano accanto a lui mentre dormiva e diventavano parte dei suoi sogni profondi.

它们在他睡觉时陪伴着他，成为他深梦的一部分。

Sognavano con lui, oltre lui, e costituivano il suo stesso spirito.

他们与他一起做梦，超越他，构成了他的精神。

Gli spiriti della natura selvaggia chiamavano con tanta forza che Buck si sentì attratto.

野性之灵的召唤如此强烈，巴克感觉自己被拉扯着。

Ogni giorno che passava, l'umanità e le sue rivendicazioni si indebolivano nel cuore di Buck.

在巴克的心里，人类和人类的诉求一天天变得越来越薄弱。

Nel profondo della foresta si stava per udire un richiamo strano ed emozionante.

森林深处，一阵诡异而又惊心动魄的呼唤即将响起。

Ogni volta che sentiva la chiamata, Buck provava un impulso a cui non riusciva a resistere.

每次听到这个呼唤，巴克就会感到一种无法抗拒的冲动。

Avrebbe voltato le spalle al fuoco e ai sentieri battuti dagli uomini.

他要远离火海，远离人间的道路。

Stava per addentrarsi nella foresta, avanzando senza sapere il perché.

他就要冲进森林，不知道为什么就向前走去。

Non mise in discussione questa attrazione, perché la chiamata era profonda e potente.

他没有质疑这种吸引力，因为这种吸引力深沉而强大。

Spesso raggiungeva l'ombra verde e la terra morbida e intatta

他常常到达绿荫和柔软的、未被触及的土地

Ma poi il forte amore per John Thornton lo riportò al fuoco.

但随后对约翰·桑顿的强烈爱意又把他拉回到了火堆旁。

Soltanto John Thornton riuscì davvero a tenere stretto il cuore selvaggio di Buck.

只有约翰·桑顿真正掌握了巴克狂野的心。

Per Buck il resto dell'umanità non aveva alcun valore o significato duraturo.

其余人类对巴克来说没有任何持久的价值或意义。

Gli sconosciuti potrebbero lodarlo o accarezzargli la pelliccia con mani amichevoli.

陌生人可能会称赞他或用友好的手抚摸他的皮毛。

Buck rimase impassibile e se ne andò per eccesso di affetto.

巴克不为所动，因受到过多的爱抚而走开了。

Hans e Pete arrivarono con la zattera che era stata attesa a lungo

汉斯和皮特带着期待已久的木筏来了

Buck li ignorò finché non venne a sapere che erano vicini a Thornton.

巴克一直没有理会他们，直到他得知他们离桑顿很近。

Da allora in poi li tollerò, ma non dimostrò mai loro tutto il suo calore.

此后，他容忍了他们，但从未向他们表现出完全的热情。

Accettava da loro cibo o gentilezza come se volesse fare loro un favore.

他接受他们的食物或善意，就好像在给他们做一件好事一样。

Erano come Thornton: semplici, onesti e lucidi nei pensieri.

他们就像桑顿一样——单纯、诚实、思维清晰。

Tutti insieme viaggiarono verso la segheria di Dawson e il grande vortice

他们一起去了道森的锯木厂和大漩涡

Nel corso del loro viaggio impararono a comprendere profondamente la natura di Buck.

在旅途中，他们深刻理解了巴克的本性。

Non cercarono di avvicinarsi come avevano fatto Skeet e Nig.

他们并没有像 Skeet 和 Nig 那样试图变得亲密。

Ma l'amore di Buck per John Thornton non fece che aumentare con il tempo.

但巴克对约翰·桑顿的爱随着时间的推移而加深。

Solo Thornton poteva mettere uno zaino sulla schiena di Buck durante l'estate.

只有桑顿能够在夏天把背包放在巴克的背上。

Buck era disposto a eseguire senza riserve qualsiasi ordine impartito da Thornton.

无论桑顿命令什么，巴克都愿意完全执行。

Un giorno, dopo aver lasciato Dawson per le sorgenti del Tanana,

有一天，他们离开道森前往塔纳纳河源头后，

il gruppo era seduto su una rupe che scendeva per un metro fino a raggiungere la nuda roccia.

这群人坐在一处悬崖上，悬崖下三英尺，露出裸露的基岩。

John Thornton si sedette vicino al bordo e Buck si riposò accanto a lui.

约翰·桑顿坐在边缘附近，巴克在他旁边休息。

Thornton ebbe un'idea improvvisa e richiamò l'attenzione degli uomini.

桑顿突然想到一个主意，并引起了人们的注意。

Indicò l'altro lato del baratro e diede a Buck un unico comando.

他指着峡谷对面，向巴克发出了一个简单的命令。

"Salta, Buck!" disse, allungando il braccio oltre il precipizio.

"跳，巴克！"他一边说，一边把手臂挥向悬崖。

Un attimo dopo dovette afferrare Buck, che stava saltando per obbedire.

一会儿，他必须抓住巴克，巴克正跳起来服从命令。

Hans e Pete si precipitarono in avanti e tirarono entrambi indietro per metterli in salvo.

汉斯和皮特冲上前去，把两人拉回了安全地带。

Dopo che tutto fu finito e che ebbero ripreso fiato, Pete prese la parola.

一切结束后，他们都松了一口气，皮特开口说话了。

«È un amore straordinario», disse, scosso dalla feroce devozione del cane.

"这种爱太不可思议了，" 他说道，这只狗的强烈忠诚让他很感动。

Thornton scosse la testa e rispose con calma e serietà.
桑顿摇摇头，平静而严肃地回答道。

«No, l'amore è splendido», disse, «ma anche terribile».
"不，爱情很美好，" 他说，"但也很可怕。"

"A volte, devo ammetterlo, questo tipo di amore mi fa paura."
"有时候，我必须承认，这种爱让我害怕。"

Pete annuì e disse: "Mi dispiacerebbe tanto essere l'uomo che ti tocca".
皮特点点头，说道："我可不想成为那个碰你的人。"

Mentre parlava, guardava Buck con aria seria e piena di rispetto.
他说话时看着巴克，严肃而充满敬意。

"Py Jingo!" esclamò Hans in fretta. "Neanch'io, no signore."
"Py Jingo！" 汉斯赶紧说道，"我也是，不，先生。"

Prima che finisse l'anno, i timori di Pete si avverarono a Circle City.
年底之前，皮特的担忧在 Circle City 变成了现实。

Un uomo crudele di nome Black Burton attaccò una rissa nel bar.
一个名叫布莱克·伯顿的残忍男人在酒吧里挑起斗殴。

Era arrabbiato e cattivo, e si scagliava contro un novellino.
他愤怒又恶毒，对一个新手大发雷霆。

John Thornton intervenne, calmo e bonario come sempre.
约翰·桑顿走了进来，一如既往地冷静和善良。

Buck giaceva in un angolo, con la testa bassa, e osservava Thornton attentamente.

巴克躺在角落里，低着头，仔细地注视着桑顿。

Burton colpì all'improvviso e il suo pugno fece girare Thornton.

伯顿突然出击，一拳将桑顿打得天旋地转。

Solo la ringhiera della sbarra gli impedì di cadere violentemente a terra.

只有酒吧的扶手才能阻止他重重地摔到地面。

Gli osservatori hanno sentito un suono che non era un abbaio o un guaito

观察者听到了一种既不是吠叫也不是尖叫的声音

Buck emise un profondo ruggito mentre si lanciava verso l'uomo.

巴克向那人冲去，发出一声低沉的吼叫。

Burton alzò il braccio e per poco non si salvò la vita.

伯顿举起手臂，险些保住了性命。

Buck si schiantò contro di lui, facendolo cadere a terra.

巴克撞到他，把他撞倒在地。

Buck gli diede un morso profondo al braccio, poi si lanciò alla gola.

巴克深深咬住那人的手臂，然后猛扑向他的喉咙。

Burton riuscì a parare solo in parte e il suo collo fu squarciato.

伯顿只能部分阻挡，脖子被撕开。

Gli uomini si precipitarono dentro, brandendo i manganelli e allontanarono Buck dall'uomo sanguinante.

人们冲进来，举起棍棒，把巴克从流血的男人身上赶了开来。

Un chirurgo ha lavorato rapidamente per impedire che il sangue fuoriuscisse.

外科医生迅速采取行动，止住血液流出。

Buck camminava avanti e indietro ringhiando, tentando di attaccare ancora e ancora.

巴克一边踱步一边咆哮，试图一次又一次地发起攻击。

Soltanto i bastoni oscillanti gli impedirono di raggiungere Burton.

只有挥舞的棍棒才能阻止他到达伯顿。

Proprio lì, sul posto, venne convocata una riunione dei minatori.

矿工大会就地召开。

Concordarono sul fatto che Buck era stato provocato e votarono per liberarlo.

他们一致认为巴克是受到了挑衅，并投票决定释放他。

Ma il nome feroce di Buck risuonava ormai in ogni accampamento dell'Alaska.

但巴克凶猛的名字如今已在阿拉斯加的每个营地中回荡。

Più tardi, quello stesso autunno, Buck salvò Thornton di nuovo in un modo nuovo.

那年秋天晚些时候，巴克再次以一种新的方式拯救了桑顿。

I tre uomini stavano guidando una lunga barca lungo delle rapide impetuose.

这三个人正驾驶着一艘长船顺着湍急的河道前行。

Thornton manovrava la barca, gridando indicazioni per raggiungere la riva.

桑顿掌着舵，向海岸线发出指示。

Hans e Pete correvano sulla terraferma, tenendo una corda da un albero all'altro.

汉斯和皮特在陆地上奔跑，抓着绳子从一棵树跑到另一棵树。

Buck procedeva a passo d'uomo sulla riva, tenendo sempre d'occhio il suo padrone.

巴克在河岸上不停地行走，始终注视着他的主人。

In un punto pericoloso, delle rocce sporgevano dall'acqua veloce.

在一个令人讨厌的地方，岩石在湍急的水流下突出。

Hans lasciò andare la cima e Thornton tirò la barca verso la larghezza.

汉斯松开了绳子，桑顿把船驶向了远处。

Hans corse a percorrerla di nuovo, superando le pericolose rocce.

汉斯冲过危险的岩石，再次赶上船。

La barca superò la sporgenza ma trovò una corrente più forte.

船越过了岩架，但撞上了更强的水流。

Hans afferrò la cima troppo velocemente e fece perdere l'equilibrio alla barca.

汉斯抓住绳子太快，导致船失去平衡。

La barca si capovolse e sbatté contro la riva, con la parte inferiore rivolta verso l'alto.

船翻了，船底朝天地撞上了岸。

Thornton venne scaraventato fuori e trascinato nella parte più selvaggia dell'acqua.

桑顿被抛出水面并被卷入水面最险恶的地方。

Nessun nuotatore sarebbe sopravvissuto in quelle acque pericolose e pericolose.

没有任何游泳者能够在这些致命的湍急水域中生存下来。

Buck si lanciò all'istante e inseguì il suo padrone lungo il fiume.

巴克立即跳入水中，追着主人顺着河而下。

Dopo trecento metri finalmente raggiunse Thornton.

走了三百码后，他终于到达了桑顿。

Thornton afferrò la coda di Buck, e Buck si diresse verso la riva.

桑顿抓住了巴克的尾巴，巴克转身向岸边游去。

Nuotò con tutte le sue forze, lottando contro la forte resistenza dell'acqua.

他拼尽全力游着，抵抗着水的猛烈阻力。

Si spostarono verso valle più velocemente di quanto riuscissero a raggiungere la riva.

他们顺流而下的速度比到达岸边的速度还快。

Più avanti, il fiume ruggiva più forte, precipitando in rapide mortali.

前方，河水咆哮声越来越大，形成致命的急流。

Le rocce fendevano l'acqua come i denti di un enorme pettine.

岩石像一把巨大梳子的齿一样划破水面。

La forza di attrazione dell'acqua nei pressi del dislivello era selvaggia e ineluttabile.

靠近落差处的水的拉力是巨大而无法避免的。

Thornton sapeva che non sarebbero mai riusciti a raggiungere la riva in tempo.

桑顿知道他们不可能及时到达岸边。

Raschiò una roccia, ne sbatté una seconda,

他刮过一块岩石，又撞上另一块，

Poi si schiantò contro una terza roccia, afferrandola con entrambe le mani.

然后他撞上了第三块岩石，用双手抓住了它。

Lasciò andare Buck e urlò sopra il ruggito: "Vai, Buck! Vai!"

他放开巴克，大声喊道："快，巴克！快！"

Buck non riuscì a restare a galla e fu trascinato dalla corrente.

巴克无法浮在水面上，被水流冲走了。

Lottò con tutte le sue forze, cercando di girarsi, ma non fece alcun progresso.

他拼命挣扎，挣扎着转身，但却毫无进展。

Poi sentì Thornton ripetere il comando sopra il fragore del fiume.

然后他听到桑顿在河水的咆哮声中重复了命令。

Buck si impennò fuori dall'acqua e sollevò la testa come per dare un'ultima occhiata.

巴克从水里站了起来，抬起头，仿佛要看最后一眼。

poi si voltò e obbedì, nuotando verso la riva con risolutezza.

然后转身服从，坚决地向岸边游去。

Pete e Hans lo tirarono a riva all'ultimo momento possibile.

皮特和汉斯在最后一刻将他拉上了岸。

Sapevano che Thornton avrebbe potuto aggrapparsi alla roccia solo per pochi minuti.

他们知道桑顿只能坚持在岩石上几分钟。

Corsero su per la riva fino a un punto molto più in alto rispetto al punto in cui lui era appeso.

他们沿着河岸跑去，来到比他悬挂的地方高得多的地方。

Legarono con cura la cima della barca al collo e alle spalle di Buck.

他们小心翼翼地将船绳系在巴克的脖子和肩膀上。

La corda era stretta ma abbastanza larga da permettere di respirare e muoversi.

绳子很紧，但又足够松，方便呼吸和活动。

Poi lo gettarono di nuovo nel fiume impetuoso e mortale.

然后他们又把他扔进了湍急而致命的河流。

Buck nuotò coraggiosamente ma non riuscì a prendere l'angolazione giusta per affrontare la forza della corrente.

巴克大胆地游着，但却没有游进湍急的水流中。

Si accorse troppo tardi che stava per superare Thornton.

他意识到自己即将超越桑顿，但为时已晚。

Hans tirò forte la corda, come se Buck fosse una barca che si capovolge.

汉斯猛地拉紧绳子，仿佛巴克是一艘倾覆的小船。

La corrente lo trascinò sott'acqua e lui scomparve sotto la superficie.

水流将他拉下水，他消失在水面之下。

Il suo corpo colpì la riva prima che Hans e Pete lo tirassero fuori.

在汉斯和皮特将他拉出来之前，他的身体撞到了岸边。

Era mezzo annegato e gli tolsero l'acqua dal corpo.

他已经半溺水了，他们把他体内的水打出来。

Buck si alzò, barcollò e crollò di nuovo a terra.

巴克站起来，踉跄了一下，再次倒在地上。

Poi udirono la voce di Thornton portata debolmente dal vento.

然后他们听到风中隐隐传来桑顿的声音。

Sebbene le parole non fossero chiare, sapevano che era vicino alla morte.

虽然话语不清楚，但他们知道他已经快要死了。

Il suono della voce di Thornton colpì Buck come una scossa elettrica.

桑顿的声音让巴克如遭电击。

Saltò in piedi e corse su per la riva, tornando al punto di partenza.

他跳起来，跑上河岸，回到了出发点。

Legarono di nuovo la corda a Buck, e di nuovo lui entrò nel fiume.

他们再次将绳子绑在巴克身上，他再次跳入小溪。

Questa volta nuotò direttamente e con decisione nell'acqua impetuosa.

这一次，他直接、坚定地游进了湍急的水流中。

Hans lasciò scorrere la corda con regolarità, mentre Pete impediva che si aggrovigliasse.

汉斯稳稳地放出绳子，而皮特则负责防止绳子缠结。

Buck nuotò con forza finché non si trovò allineato appena sopra Thornton.

巴克奋力游动，直到他位于桑顿正上方。

Poi si voltò e si lanciò verso di lui come un treno a tutta velocità.

然后他转身，像一列全速的火车一样冲了下去。

Thornton lo vide arrivare, si preparò e gli abbracciò il collo.

桑顿看到他来了，做好了准备，用双臂搂住他的脖子。

Hans legò saldamente la corda attorno a un albero mentre entrambi venivano tirati sott'acqua.

汉斯将绳子紧紧地绑在一棵树上，然后把两人都拉下去。

Caddero sott'acqua, schiantandosi contro rocce e detriti del fiume.

它们在水下翻滚，撞上岩石和河流碎片。

Un attimo prima Buck era in cima e un attimo dopo Thornton si alzava ansimando.

前一刻巴克还在他上面，下一刻桑顿就气喘吁吁地站了起来。

Malconci e soffocati, si diressero verso la riva e si misero in salvo.

他们伤痕累累、窒息而亡，只好转向岸边寻求安全。

Thornton riprese conoscenza mentre era sdraiato su un tronco alla deriva.

桑顿恢复了意识，躺在一根漂流木上。

Hans e Pete lavorarono duramente per riportarlo a respirare e a vivere.

汉斯和皮特努力帮助他恢复呼吸和生命。

Il suo primo pensiero fu per Buck, che giaceva immobile e inerte.

他首先想到的是巴克，它一动不动地躺在那里。

Nig ululò sul corpo di Buck e Skeet gli leccò delicatamente il viso.

尼格对着巴克的身体嚎叫，斯基特轻轻地舔着巴克的脸。

Thornton, dolorante e contuso, esaminò Buck con mano attenta.

桑顿浑身酸痛，浑身瘀伤，他用手小心翼翼地检查巴克。

Ha trovato tre costole rotte, ma il cane non presentava ferite mortali.

他发现这只狗有三根肋骨断裂，但没有致命伤。

"Questo è tutto", disse Thornton. "Ci accamperemo qui". E così fecero.

"那就这么定了，"桑顿说。"我们就在这里扎营。"他们就真的扎营了。

Rimasero lì finché le costole di Buck non guarirono e lui poté di nuovo camminare.

他们一直待到巴克的肋骨痊愈并能再次行走。

Quell'inverno Buck compì un'impresa che accrebbe ulteriormente la sua fama.

那年冬天，巴克完成了一项壮举，进一步提高了他的名气。

Fu un gesto meno eroico del salvataggio di Thornton, ma altrettanto impressionante.

这虽然不如拯救桑顿那么英勇，但同样令人印象深刻。

A Dawson, i soci avevano bisogno di provviste per un viaggio lontano.

在道森，合作伙伴需要为长途旅行提供补给。

Volevano viaggiare verso est, in terre selvagge e incontaminate.

他们想前往东部，进入未被开发的荒野地区。

Quel viaggio fu possibile grazie all'impresa compiuta da Buck nell'Eldorado Saloon.

巴克在埃尔多拉多酒吧的行为使得这次旅行成为可能。

Tutto cominciò con degli uomini che si vantavano dei loro cani bevendo qualcosa.

事情的起因是，男人们边喝酒边吹嘘自己的狗。

La fama di Buck lo rese bersaglio di sfide e dubbi.

巴克的名气使他成为挑战和怀疑的对象。

Thornton, fiero e calmo, rimase fermo nel difendere il nome di Buck.

桑顿骄傲而冷静，坚定地捍卫巴克的名字。

Un uomo ha affermato che il suo cane riusciva a trainare facilmente duecentocinquanta chili.

一名男子说他的狗可以轻松拉动五百磅的重物。

Un altro disse seicento, e un terzo si vantò di settecento.

另一个人说有六百人，第三个人则夸口有七百人。

"Pfft!" disse John Thornton, "Buck può trainare una slitta da mille libbre."

"噗！"约翰·桑顿说，"巴克能拉动一千磅重的雪橇。"

Matthewson, un Bonanza King, si sporse in avanti e lo sfidò.

富矿之王马修森倾身向前，向他发起挑战。

"Pensi che possa spostare tutto quel peso?"

"你认为他能举起那么大的重量吗？"

"E pensi che riesca a sollevare il peso per cento metri?"

"你认为他能把重物拉出足足一百码吗？"

Thornton rispose freddamente: "Sì. Buck è abbastanza cane da farlo."

桑顿冷冷地回答："是的。巴克足够厉害，可以做到。"

"Metterà in moto mille libbre e la tirerà per cento metri."

"他会施加一千磅的力，然后把它拉一百码。"

Matthewson sorrise lentamente e si assicurò che tutti gli uomini udissero le sue parole.

马修森慢慢地笑了笑，确保所有人都听到了他的话。

"Ho mille dollari che dicono che non può. Eccoli."

"我有一千美元可以证明他不行。就是这样。"

Sbatté sul bancone un sacco di polvere d'oro grande quanto una salsiccia.

他把一袋香肠大小的金粉重重地扔在吧台上。

Nessuno disse una parola. Il silenzio si fece pesante e teso intorno a loro.

没人说话。四周的寂静愈发沉重、紧张。

Il bluff di Thornton, se mai lo fu, era stato preso sul serio.

桑顿的虚张声势——如果算的话——
已经被认真对待了。

Sentì il calore salirgli al viso mentre il sangue gli affluiva alle guance.

他感到脸上发热，血液涌上脸颊。

In quel momento la sua lingua aveva preceduto la ragione.

那一刻，他的舌头已经超越了他的理智。

Non sapeva davvero se Buck sarebbe riuscito a spostare mille libbre.

他真的不知道巴克是否能搬动一千磅的重量。

Mezza tonnellata! Solo la sua mole gli faceva sentire il cuore pesante.

半吨！光是看着它的大小，就让他心里沉重无比。

Aveva fiducia nella forza di Buck e lo riteneva capace.

他相信巴克的力量并且认为他有能力。

Ma non aveva mai affrontato una sfida di questo tipo, non in questo modo.

但他从来没有面临过这种挑战，不是这样的。

Una dozzina di uomini lo osservavano in silenzio, in attesa di vedere cosa avrebbe fatto.

十几个人静静地注视着他，等着看他要做什么。

Lui non aveva i soldi, e nemmeno Hans e Pete.

他没有钱——汉斯和皮特也没有。

"Ho una slitta fuori", disse Matthewson in modo freddo e diretto.

"我外面有一辆雪橇，" 马修森冷冷地直接说道。

"È carico di venti sacchi, da cinquanta libbre ciascuno, tutti di farina.

"里面装了二十袋面粉，每袋五十磅。

Quindi non lasciare che la scomparsa della slitta diventi la tua scusa", ha aggiunto.

所以现在不要让雪橇丢失成为你的借口，" 他补充道。

Thornton rimase in silenzio. Non sapeva che parole dire.

桑顿沉默不语，不知道该说什么。

Guardò i volti intorno a sé senza vederli chiaramente.

他环顾四周，但没看清楚他们的脸。

Sembrava un uomo immerso nei suoi pensieri, che cercava di ripartire.

他看上去就像一个陷入沉思的人，试图重新开始。

Poi incontrò Jim O'Brien, un amico dei tempi dei Mastodon.

然后他见到了吉姆·奥布莱恩（Jim O'Brien），他是 Mastodon 时期的朋友。

Quel volto familiare gli diede un coraggio che non sapeva di avere.

那张熟悉的面孔给了他从未意识到的勇气。

Si voltò e chiese a bassa voce: "Puoi prestarmi mille dollari?"

他转过身，低声问道："你能借我一千块吗？"

"Certo", disse O'Brien, lasciando cadere un pesante sacco vicino all'oro.

"当然可以，" 奥布莱恩说着，已经把一个沉重的袋子扔到了金子旁边。

"Ma sinceramente, John, non credo che la bestia possa fare questo."

"但说实话，约翰，我不相信那野兽能做到这一点。"

Tutti quelli presenti all'Eldorado Saloon si precipitarono fuori per assistere all'evento.

埃尔多拉多酒吧里的每个人都冲到外面观看这一幕。

Lasciarono tavoli e bevande e perfino le partite furono sospese.

他们离开了桌子和饮料，甚至游戏也暂停了。

Croupier e giocatori accorsero per assistere alla conclusione di questa audace scommessa.

庄家和赌徒们纷纷前来见证这场大胆赌注的结束。

Centinaia di persone si radunarono attorno alla slitta sulla strada ghiacciata.

数百人聚集在结冰的街道上的雪橇周围。

La slitta di Matthewson era carica di un carico completo di sacchi di farina.

马修森的雪橇上满载着面粉袋。

La slitta era rimasta ferma per ore a temperature sotto lo zero.

雪橇已经在零度以下的气温中停放了几个小时。

I pattini della slitta erano congelati e incollati alla neve compatta.

雪橇的滑板被紧紧地冻在了厚厚的雪地上。

Gli uomini scommettevano due a uno che Buck non sarebbe riuscito a spostare la slitta.

人们以二比一的赔率赌巴克无法移动雪橇。

Scoppiò una disputa su cosa significasse realmente "break out".

关于"突破"的真正含义，发生了争论。

O'Brien ha affermato che Thornton dovrebbe allentare la base ghiacciata della slitta.

奥布莱恩说，桑顿应该松开雪橇冻结的底座。

Buck potrebbe quindi "rompere" una partenza solida e immobile.

然后，巴克就可以从坚实、静止的状态下"突围"出来。

Matthewson sosteneva che anche il cane doveva liberare i corridori.

马修森认为狗也必须把跑步者救出来。

Gli uomini che avevano sentito la scommessa concordavano con Matthewson.

听过赌注的人都同意马修森的观点。

Con questa sentenza, le probabilità contro Buck salirono a tre a uno.

根据这一裁决，巴克获胜的赔率上升到了三比一。

Nessuno si fece avanti per accettare le crescenti quote di tre a uno.

没有人站出来承担越来越大的三比一赔率。

Nessuno credeva che Buck potesse compiere la grande impresa.

没有一个人相信巴克能够完成这一伟大壮举。

Thornton era stato spinto a scommettere, pieno di dubbi.

桑顿带着深深的疑虑匆忙参与了这场赌注。

Ora guardava la slitta e la muta di dieci cani accanto ad essa.

现在他看着雪橇和旁边的十只狗组成的队伍。

Vedere la realtà del compito lo faceva sembrare ancora più impossibile.

看到这个任务的现实后，它看起来更加不可能了。

In quel momento Matthewson era pieno di orgoglio e sicurezza.

那一刻，马修森充满了自豪和自信。

"Tre a uno!" urlò. "Ne scommetto altri mille, Thornton!

"三比一！"他喊道，"我再赌一千，桑顿！"

"Cosa dici?" aggiunse, abbastanza forte da farsi sentire da tutti.

你说什么？"他补充道，声音大到所有人都能听到。

Il volto di Thornton esprimeva i suoi dubbi, ma il suo spirito era sollevato.

桑顿脸上露出疑惑，但他的精神已经振奋起来。

Quello spirito combattivo ignorava le avversità e non temeva nulla.

那种战斗精神无视困难，无所畏惧。

Chiamò Hans e Pete perché portassero tutti i loro soldi al tavolo.

他叫来汉斯和皮特，让他们把所有的现金都拿到桌子上。

Non gli era rimasto molto altro: solo duecento dollari in tutto.

他们所剩无几了——加起来只有两百美元。

Questa piccola somma costituiva la loro intera fortuna nei momenti difficili.

这笔小钱就是他们艰难时期的全部财产。

Ciononostante puntarono tutta la loro fortuna contro la scommessa di Matthewson.

尽管如此，他们还是把全部财产押在了马修森的赌注上。

La muta composta da dieci cani venne sganciata e allontanata dalla slitta.

十只狗组成的队伍被解开，离开了雪橇。

Buck venne messo alle redini, indossando la sua consueta imbracatura.

巴克被放在缰绳上，戴着他熟悉的挽具。

Aveva colto l'energia della folla e ne aveva percepito la tensione.

他感受到了人群的活力和紧张气氛。

In qualche modo sapeva che doveva fare qualcosa per John Thornton.

不管怎样，他知道他必须为约翰·桑顿做点什么。

La gente mormorava ammirata di fronte alla figura fiera del cane.

人们对这只狗骄傲的身影发出赞叹声。

Era magro e forte, senza un solo grammo di carne in più.

他身材精瘦，体魄强健，身上没有一丝多余的肉。

Il suo peso di centocinquanta chili era sinonimo di potenza e resistenza.

他的全部体重有一百五十磅，全靠力量和耐力。

Il mantello di Buck brillava come la seta, denso di salute e forza.

巴克的皮毛像丝绸一样闪闪发光，厚实而富有健康和力量。

La pelliccia sul collo e sulle spalle sembrava sollevarsi e drizzarsi.

他脖子和肩膀上的毛发似乎竖了起来。

La sua criniera si muoveva leggermente, ogni capello era animato dalla sua grande energia.

他的鬃毛微微摇曳，每一根毛发都散发着巨大的能量。

Il suo petto ampio e le sue gambe forti si sposavano bene con la sua corporatura pesante e robusta.

他宽阔的胸膛和强壮的双腿与他厚重、坚韧的身材相得益彰。

I muscoli si tesero sotto il cappotto, tesi e sodi come ferro legato.

他的外套下肌肉起伏，紧实如铁。

Gli uomini lo toccavano e giuravano che era fatto come una macchina d'acciaio.

人们触摸他并发誓他就像一台钢铁机器。

Le probabilità contro il grande cane sono scese leggermente a due a uno.

大狗获胜的几率略微下降为二比一。

Un uomo dei banchi di Skookum si fece avanti balbettando.

一名来自斯科库姆长凳的男子结结巴巴地向前走去。

"Bene, signore! Offro ottocento per lui... prima della prova, signore!"

"好，先生！我出价八百英镑买下他——
在考试之前，先生！"

"Ottocento, così com'è adesso!" insistette l'uomo.

"就他现在的水平，八百！"那人坚持道。

Thornton fece un passo avanti, sorrise e scosse la testa con calma.

桑顿走上前，微笑着，平静地摇了摇头。

Matthewson intervenne rapidamente con tono ammonitore e aggrottando la fronte.

马修森皱着眉头，迅速走了进来，发出警告的声音。

"Devi allontanarti da lui", disse. "Dagli spazio."

"你必须离他远点，"他说，"给他点空间。"

La folla tacque; solo i giocatori continuavano a offrire due a uno.

人群安静下来，只有赌徒还在提供二比一的赌注。

Tutti ammiravano la corporatura di Buck, ma il carico sembrava troppo pesante.

每个人都钦佩巴克的体格，但是负荷看起来太大了。

Venti sacchi di farina, ciascuno del peso di cinquanta libbre, sembravano decisamente troppi.

二十袋面粉——每袋重五十磅——似乎太多了。

Nessuno era disposto ad aprire la borsa e a rischiare i propri soldi.

没有人愿意打开自己的钱袋去冒险。

Thornton si inginocchiò accanto a Buck e gli prese la testa tra entrambe le mani.

桑顿跪在巴克身边，双手捧着他的头。

Premette la guancia contro quella di Buck e gli parlò all'orecchio.

他把脸颊贴在巴克的脸颊上，对着他的耳朵说话。

Non c'erano più né scossoni giocosi né insulti affettuosi sussurrati.

现在不再有嬉闹的摇晃或低声的爱意侮辱。

Mormorò solo dolcemente: "Quanto mi ami, Buck."

他只是轻声低语道："就像你爱我一样，巴克。"

Buck emise un gemito sommesso, trattenendo a stento la sua impazienza.

巴克发出一声安静的呜咽，几乎抑制不住他的渴望。

Gli astanti osservavano con curiosità la tensione che aleggiava nell'aria.

旁观者好奇地看着气氛紧张。

Quel momento sembrava quasi irreale, qualcosa che trascendeva la ragione.

那一刻感觉几乎不真实，就像某种超越理性的事情。

Quando Thornton si alzò, Buck gli prese delicatamente la mano tra le fauci.

当桑顿站起来时，巴克轻轻地将他的手放在他的下巴上。

Premette con i denti, poi lasciò andare lentamente e delicatamente.

他用牙齿压下去，然后慢慢地、轻轻地放开。

Fu una risposta silenziosa d'amore, non detta, ma compresa.

这是爱的无声回答，没有说出口，但却心领神会。

Thornton si allontanò di molto dal cane e diede il segnale.

桑顿从狗身边退开一步，然后发出信号。

"Ora, Buck", disse, e Buck rispose con calma concentrata.

"现在，巴克，"他说道，巴克以专注而平静的态度回应。

Buck tese le corde, poi le allentò di qualche centimetro.

巴克把牵引绳拉紧，然后又松开了几英寸。

Questo era il metodo che aveva imparato; il suo modo per rompere la slitta.

这是他学到的方法；这是他打破雪橇的方法。

"Caspita!" urlò Thornton, con voce acuta nel silenzio pesante.

"哎呀！"桑顿喊道，在寂静中他的声音很尖锐。

Buck si girò verso destra e si lanciò con tutto il suo peso.

巴克向右转身，用尽全身的力气猛扑过去。

Il gioco svanì e tutta la massa di Buck colpì le timonerie strette.

松弛消失了，巴克的整个身体都撞到了绷紧的绳索上。

La slitta tremò e i pattini produssero un suono secco e scoppiettante.

雪橇颤动起来，滑行器发出清脆的噼啪声。

"Haw!" ordinò Thornton, cambiando di nuovo direzione a Buck.

"哈！"桑顿命令道，再次改变了巴克的方向。

Buck ripeté la mossa, questa volta tirando bruscamente verso sinistra.

巴克重复了这一动作，这次他猛地向左拉。

La slitta scricchiolava più forte, i pattini schioccavano e si spostavano.

雪橇发出更响的噼啪声，滑板断裂并移动。

Il pesante carico scivolò leggermente di lato sulla neve ghiacciata.

沉重的货物在冻雪上稍微向侧面滑动。

La slitta si era liberata dalla presa del sentiero ghiacciato!

雪橇已经脱离了冰道的束缚！

Gli uomini trattennero il respiro, inconsapevoli di non stare nemmeno respirando.

人们屏住呼吸，没有意识到自己甚至没有呼吸。

"Ora, TIRA!" gridò Thornton nel silenzio glaciale.

"现在，拉！"桑顿在一片寂静中大声喊道。

Il comando di Thornton risuonò netto, come lo schiocco di una frusta.

桑顿的命令听起来很尖锐，就像鞭子抽打的声音。

Buck si lanciò in avanti con un affondo violento e violento.
巴克猛地向前猛冲，发出刺耳的撞击声。

Tutto il suo corpo si irrigidì e si contrasse sotto l'enorme
sforzo.
由于承受着巨大的压力，他的整个身体都绷紧了。

I muscoli si muovevano sotto la pelliccia come serpenti che
prendevano vita.
他的皮毛下的肌肉起伏不平，就像活过来的蛇一样。

Il suo grande petto era basso e la testa era protesa in avanti
verso la slitta.
他宽阔的胸膛低垂着，头向前伸向雪橇。

Le sue zampe si muovevano come fulmini e gli artigli
fendevano il terreno ghiacciato.
他的爪子像闪电一样移动，爪子划过冰冻的地面。

I solchi erano profondi mentre lottava per ogni centimetro di
trazione.
他为了每一寸的牵引力而奋斗，留下了深深的伤痕。

La slitta ondeggiò, tremò e cominciò a muoversi lentamente
e in modo inquieto.
雪橇摇晃着，颤抖着，开始缓慢而不安地移动。

Un piede scivolò e un uomo tra la folla gemette ad alta voce.
一只脚滑了一下，人群中一名男子大声呻吟。

Poi la slitta si lanciò in avanti con un movimento brusco e a
scatti.
然后，雪橇猛地向前猛冲。

Non si fermò più: mezzo pollice...un pollice...cinque pollici
in più.
它没有再停下来——
半英寸……一英寸……又两英寸。

Gli scossoni si fecero più lievi man mano che la slitta
cominciava ad acquistare velocità.
随着雪橇速度的加快，颠簸变得越来越小。

Presto Buck cominciò a tirare con una potenza fluida e
uniforme.
很快，巴克就能以平稳、均匀、滚动的力量拉动。

Gli uomini sussultarono e finalmente si ricordarono di respirare di nuovo.

男人们倒吸一口气，终于想起来了。

Non si erano accorti che il loro respiro si era fermato per lo stupore.

他们没有注意到，自己的呼吸已经因敬畏而停止了。

Thornton gli corse dietro, gridando comandi brevi e allegri.

桑顿跑在后面，大声喊着简短而欢快的命令。

Davanti a noi c'era una catasta di legna da ardere che segnava la distanza.

前面有一堆柴火标记着距离。

Mentre Buck si avvicinava al mucchio, gli applausi diventavano sempre più forti.

当巴克靠近那堆东西时，欢呼声越来越大。

Gli applausi crebbero fino a diventare un boato quando Buck superò il traguardo.

当巴克越过终点时，欢呼声逐渐升华为咆哮声。

Gli uomini saltarono e gridarono, perfino Matthewson sorrise.

人们跳起来，欢呼起来，就连马修森也咧嘴笑了。

I cappelli volavano in aria e i guanti venivano lanciati senza pensarci o mirare.

帽子在空中飞舞，手套被无意识地抛出。

Gli uomini si afferrarono e si strinsero la mano senza sapere chi.

男人们互相抓住对方并握手，却不知道是谁。

Tutta la folla era in delirio, in un tripudio di gioia e di entusiasmo.

整个人群沸腾起来，欢欣雀跃。

Thornton cadde in ginocchio accanto a Buck con le mani tremanti.

桑顿双手颤抖地跪在巴克身边。

Premette la testa contro quella di Buck e lo scosse delicatamente avanti e indietro.

他把巴克的头贴在巴克的头上，轻轻地前后摇晃。

Chi si avvicinava lo sentiva maledire il cane con amore silenzioso.

走近的人听到他默默地咒骂那条狗。

Imprecò a lungo contro Buck, con dolcezza, calore, emozione.

他大声咒骂巴克许久——

语气轻柔，热情洋溢，充满感情。

"Bene, signore! Bene, signore!" esclamò di corsa il re della panchina di Skookum.

"好的，先生！好的，先生！" 斯科库姆长凳之王急忙喊道。

"Le darò mille, anzi milleduecento, per quel cane, signore!"

"先生，我愿意出一千——不，一千二百——
的价钱买这条狗！"

Thornton si alzò lentamente in piedi, con gli occhi brillanti di emozione.

桑顿慢慢地站了起来，眼里闪烁着激动的光芒。

Le lacrime gli rigavano le guance senza alcuna vergogna.

泪水毫无羞耻地顺着脸颊流下来。

"Signore", disse al re della panchina di Skookum, con fermezza e fermezza

"先生，" 他坚定而坚定地对斯库库姆长凳之王说道

"No, signore. Può andare all'inferno, signore. Questa è la mia risposta definitiva."

"不，先生。你下地狱吧，先生。这是我的最终答案。"

Buck afferrò delicatamente la mano di Thornton tra le sue forti mascelle.

巴克用强壮的下巴轻轻地抓住桑顿的手。

Thornton lo scosse scherzosamente; il loro legame era più profondo che mai.

桑顿开玩笑地摇了摇他，他们之间的感情依然深厚。

La folla, commossa dal momento, fece un passo indietro in silenzio.

人群被这一刻所感动，默默地后退。

Da quel momento in poi nessuno osò più interrompere un affetto così sacro.

从此，再无人敢打扰如此神圣的感情。

Il suono della chiamata
呼唤的声音

Buck aveva guadagnato milleseicento dollari in cinque minuti.

巴克在五分钟内就赚了一千六百美元。

Il denaro permise a John Thornton di saldare alcuni dei suoi debiti.

这笔钱让约翰·桑顿偿还了部分债务。

Con il resto del denaro si diresse verso est insieme ai suoi soci.

他带着剩余的钱与合伙人一起前往东部。

Cercarono una leggendaria miniera perduta, antica quanto il paese stesso.

他们寻找一座传说中的失落矿井，其历史与这个国家一样悠久。

Molti uomini avevano cercato la miniera, ma pochi l'avevano trovata.

许多人都曾寻找过这座矿井，但很少有人找到它。

Molti uomini erano scomparsi durante la pericolosa ricerca.

在这次危险的探险中，有不少人失踪了。

Questa miniera perduta era avvolta nel mistero e nella vecchia tragedia.

这座失落的矿井被神秘和古老的悲剧所笼罩。

Nessuno sapeva chi fosse stato il primo uomo a scoprire la miniera.

没有人知道第一个发现这座矿井的人是谁。

Le storie più antiche non menzionano nessuno per nome.

最古老的故事没有提到任何人的名字。

Lì c'era sempre stata una vecchia capanna fatiscente.

那里一直有一间古老而摇摇欲坠的小屋。

I moribondi avevano giurato che vicino a quella vecchia capanna ci fosse una miniera.

垂死之人发誓那间旧木屋旁边有一座矿井。

Hanno dimostrato le loro storie con un oro che non ha eguali altrove.

他们用其他地方找不到的黄金证明了他们的故事。

Nessuna anima viva aveva mai saccheggiato il tesoro da quel luogo.

从来没有人从那里掠夺过宝藏。

I morti erano morti e i morti non raccontano storie.

死者已死，死人不会留下任何痕迹。

Così Thornton e i suoi amici si diressero verso Est.

于是桑顿和他的朋友们前往东部。

Si unirono a noi Pete e Hans, portando con sé Buck e sei cani robusti.

皮特和汉斯也加入了进来，他们带来了巴克和六只强壮的狗。

Si avviarono lungo un sentiero sconosciuto dove altri avevano fallito.

他们踏上了一条别人失败的未知道路。

Percorsero in slitta settanta miglia lungo il fiume Yukon ghiacciato.

他们乘雪橇沿着冰冻的育空河逆流而上七十英里。

Girarono a sinistra e seguirono il sentiero verso lo Stewart.

他们向左转，沿着小路进入斯图尔特。

Superarono il Mayo e il McQuestion e proseguirono oltre.

他们经过梅奥和麦奎森，继续前行。

Lo Stewart si restringeva fino a diventare un ruscello, infilandosi tra cime frastagliate.

斯图尔特河逐渐变成一条小溪，穿过锯齿状的山峰。

Queste vette aguzze rappresentavano la spina dorsale del continente.

这些尖锐的山峰标志着这片大陆的脊梁。

John Thornton pretendeva poco dagli uomini e dalla terra selvaggia.

约翰·桑顿对人类和荒野的要求很少。

Non temeva nulla della natura e affrontava la natura selvaggia con disinvoltura.

他无所畏惧自然，能够轻松地面对荒野。

Con solo del sale e un fucile poteva viaggiare dove voleva.
仅凭盐和一支步枪，他就能去任何他想去的地方。

Come gli indigeni, durante il viaggio cacciava per procurarsi il cibo.
像当地人一样，他在旅途中捕猎食物。

Se non prendeva nulla, continuava ad andare avanti, confidando nella fortuna che lo attendeva.
如果他什么也没抓到，他就会继续前行，相信前方有好运。

Durante questo lungo viaggio, la carne era l'alimento principale di cui si nutrivano.
在这次漫长的旅途中，肉是他们主要的食物。

La slitta trasportava attrezzi e munizioni, ma non c'era un orario preciso.
雪橇上装有工具和弹药，但没有严格的时间表。

Buck amava questo vagabondare, la caccia e la pesca senza fine.
巴克喜欢这种漫游、无休止的狩猎和钓鱼。

Per settimane viaggiarono senza sosta, giorno dopo giorno.
连续数周，他们日复一日地奔波。

Altre volte si accampavano e restavano fermi per settimane.
其他时候，他们会扎营并静静地待上数周。

I cani riposarono mentre gli uomini scavavano nel terreno ghiacciato.
当人们在冻土中挖掘时，狗在休息。

Scaldavano le padelle sul fuoco e cercavano l'oro nascosto.
他们将锅放在火上加热，寻找隐藏的黄金。

C'erano giorni in cui pativano la fame, altri in cui banchettavano.
有时候他们会挨饿，有时候他们会大吃大喝。

Il loro pasto dipendeva dalla selvaggina e dalla fortuna della caccia.
他们的食物取决于猎物和狩猎的运气。

Con l'arrivo dell'estate, uomini e cani caricavano carichi sulle spalle.

夏天到来的时候，男人和狗就背起重物。

Fecero rafting sui laghi azzurri nascosti nelle foreste di montagna.

他们乘木筏穿过隐藏在山林中的蓝色湖泊。

Navigavano su imbarcazioni sottili su fiumi che nessun uomo aveva mai mappato.

他们驾驶着细长的船，在从未有人绘制过地图的河流上航行。

Quelle barche venivano costruite con gli alberi che avevano segato in natura.

这些船是用他们在野外锯的树木建造的。

Passarono i mesi e loro viaggiarono attraverso terre selvagge e sconosciute.

几个月过去了，他们穿越了荒野的未知土地。

Non c'erano uomini lì, ma vecchie tracce lasciavano intendere che alcuni di loro fossero presenti.

那里没有人类，但古老的痕迹却暗示着曾经有人存在。

Se la Capanna Perduta fosse esistita davvero, allora altre persone in passato erano passate da lì.

如果"迷失小屋"是真实存在的，那么其他人一定也曾来过这里。

Attraversavano passi alti durante le bufere di neve, anche d'estate.

即使是在夏天，他们也冒着暴风雪穿越山口。

Rabbrividivano sotto il sole di mezzanotte sui pendii brulli delle montagne.

他们在光秃秃的山坡上，在午夜的阳光下瑟瑟发抖。

Tra il limite degli alberi e i campi di neve, salivano lentamente.

他们在树线和雪原之间缓慢攀登。

Nelle valli calde, scacciavano nuvole di moscerini e mosche.

在温暖的山谷中，他们拍打着成群的蚊虫和苍蝇。

Raccolsero bacche dolci vicino ai ghiacciai nel pieno della fioritura estiva.

他们在夏季盛开的冰川附近采摘甜浆果。

I fiori che trovarono erano belli quanto quelli del Southland.

他们发现的花和南国的花一样美丽。

Quell'autunno giunsero in una regione solitaria piena di laghi silenziosi.

那年秋天，他们到达了一个遍布寂静湖泊的荒凉地区。

La terra era triste e vuota, un tempo brulicava di uccelli e animali.

这片土地曾经充满鸟兽，如今却一片荒凉。

Ora non c'era più vita, solo il vento e il ghiaccio che si formava nelle pozze.

现在没有生命，只有风和水池中形成的冰。

Le onde lambivano le rive deserte con un suono dolce e lugubre.

海浪拍打着空旷的海岸，发出轻柔而悲伤的声音。

Arrivò un altro inverno e loro seguirono di nuovo deboli e vecchi sentieri.

又一个冬天来临，他们又沿着模糊的旧路前行。

Erano le tracce di uomini che avevano cercato molto prima di loro.

这些是很久以前搜寻过的人们留下的足迹。

Una volta trovarono un sentiero che si inoltrava nel profondo della foresta oscura.

有一次，他们发现了一条深入黑暗森林的小路。

Era un vecchio sentiero e sentivano che la baita perduta era vicina.

这是一条古老的小路，他们感觉失踪的小屋就在附近。

Ma il sentiero non portava da nessuna parte e si perdeva nel fitto del bosco.

但这条小路不知通向何方，消失在茂密的树林中。

Nessuno sapeva chi avesse tracciato il sentiero e perché lo avesse fatto.

没人知道是谁开辟了这条小路，以及他们为何开辟这条小路。

Più tardi trovarono i resti di una capanna nascosta tra gli alberi.

后来，他们在树林里发现了一间小屋的残骸。

Coperte marce erano sparse dove un tempo qualcuno aveva dormito.

腐烂的毯子散落在曾经有人睡过的地方。

John Thornton trovò sepolto all'interno un fucile a pietra focaia a canna lunga.

约翰·桑顿（John Thornton）发现里面埋着一把长管燧发枪。

Sapeva fin dai primi tempi che si trattava di un cannone della Hudson Bay.

他从早期交易时就知道这是哈德逊湾枪。

A quei tempi, tali armi venivano barattate con pile di pelli di castoro.

在那个年代，这种枪是用一堆海狸皮来交换的。

Questo era tutto: non rimaneva alcuna traccia dell'uomo che aveva costruito la loggia.

仅此而已——

没有留下任何关于建造这座小屋的人的线索。

Arrivò di nuovo la primavera e non trovarono traccia della Capanna Perduta.

春天又来了，他们却没有发现迷失小屋的踪迹。

Invece trovarono un'ampia valle con un ruscello poco profondo.

他们发现的却是一片宽阔的山谷，山谷里有一条浅浅的小溪。

L'oro si stendeva sul fondo della pentola come burro giallo e liscio.

金子铺满锅底，就像光滑的黄色黄油一样。

Si fermarono lì e non cercarono oltre la cabina.

他们就在那里停了下来，不再寻找小屋。

Ogni giorno lavoravano e ne trovavano migliaia di pezzi in polvere d'oro.

他们每天辛勤劳作，在金粉中发现了数千颗金子。

Confezionarono l'oro in sacchi di pelle di alce, da cinquanta libbre ciascuno.

他们将黄金装入驼鹿皮袋中，每袋五十磅。

I sacchi erano accatastati come legna da ardere fuori dal loro piccolo rifugio.

这些袋子像柴火一样堆放在他们的小屋外面。

Lavoravano come giganti e i giorni trascorrevano veloci come sogni.

他们像巨人一样努力工作，日子过得像做梦一样快。

Accumularono tesori mentre gli infiniti giorni trascorrevano rapidamente.

无数的日子一天天过去，他们积累了越来越多的财富。

I cani avevano ben poco da fare, se non trasportare la carne di tanto in tanto.

除了偶尔运送肉以外，狗几乎没什么事可做。

Thornton cacciò e uccise la selvaggina, mentre Buck si sdraiò accanto al fuoco.

桑顿捕猎并杀死了猎物，而巴克则躺在火堆旁。

Trascorse lunghe ore in silenzio, perso nei pensieri e nei ricordi.

他长时间地保持沉默，沉浸在思考和回忆中。

L'immagine dell'uomo peloso tornava sempre più spesso alla mente di Buck.

那个毛茸茸的男人的形象越来越频繁地出现在巴克的脑海里。

Ora che il lavoro scarseggiava, Buck sognava mentre sbatteva le palpebre verso il fuoco.

现在工作很少了，巴克一边眨着眼睛看着火，一边做着梦。

In quei sogni, Buck vagava con l'uomo in un altro mondo.
在那些梦里，巴克和那个男人在另一个世界里流浪。

La paura sembrava il sentimento più forte in quel mondo lontano.
在那个遥远的世界里，恐惧似乎是最强烈的感觉。

Buck vide l'uomo peloso dormire con la testa bassa.
巴克看到那个毛茸茸的男人低着头睡觉。

Aveva le mani giunte e il suo sonno era agitato e interrotto.
他双手紧握，睡眠不安稳。

Si svegliava di soprassalto e fissava il buio con timore.
他常常突然惊醒，并恐惧地盯着黑暗。

Poi aggiungeva altra legna al fuoco per mantenere viva la fiamma.
然后他会把更多的木头扔进火里以保持火焰明亮。

A volte camminavano lungo una spiaggia in riva a un mare grigio e infinito.
有时他们会沿着灰色、无边无际的海滩散步。

L'uomo peloso raccolse i frutti di mare e li mangiò mentre camminava.
毛人一边走，一边捡贝类吃。

I suoi occhi cercavano sempre pericoli nascosti nell'ombra.
他的眼睛总是搜寻着阴影中隐藏的危险。

Le sue gambe erano sempre pronte a scattare al primo segno di minaccia.
一旦发现威胁，他的双腿就随时准备冲刺。

Avanzavano furtivamente nella foresta, silenziosi e cauti, uno accanto all'altro.
他们并肩悄悄地、警惕地穿过森林。

Buck lo seguì alle calcagna, ed entrambi rimasero all'erta.
巴克紧随其后，两人都保持警惕。

Le loro orecchie si muovevano e si contraevano, i loro nasi fiutavano l'aria.
他们的耳朵抽动着，鼻子嗅着空气。

L'uomo riusciva a sentire e ad annusare la foresta in modo altrettanto acuto quanto Buck.

这个人能像巴克一样敏锐地听到并闻到森林的声音。

L'uomo peloso si lanciò tra gli alberi a velocità improvvisa.

毛茸茸的男人突然加速穿过树林。

Saltava da un ramo all'altro senza mai perdere la presa.

他从一个树枝跳到另一个树枝，始终抓不住树枝。

Si muoveva con la stessa rapidità con cui si muoveva sopra e sopra il terreno.

他在地面上移动的速度与他在地面上移动的速度一样快。

Buck ricordava le lunghe notti passate sotto gli alberi a fare la guardia.

巴克记得自己在树下守夜的漫长时光。

L'uomo dormiva appollaiato sui rami, aggrappandosi forte.

男人睡在树枝上，紧紧地抱住树枝。

Questa visione dell'uomo peloso era strettamente legata al richiamo profondo.

毛人的这个景象与深沉的呼唤紧密相关。

Il richiamo risuonava ancora nella foresta con una forza inquietante.

那呼唤声依然在森林中回荡，令人难以忘怀。

La chiamata riempì Buck di desiderio e di un inquieto senso di gioia.

这呼唤让巴克心中充满了渴望和一种不安的喜悦感。

Sentì strani impulsi e stimoli a cui non riusciva a dare un nome.

他感觉到一种难以名状的奇怪冲动和激动。

A volte seguiva la chiamata inoltrandosi nel silenzio dei boschi.

有时他会追随呼唤，深入寂静的森林。

Cercava il richiamo, abbaiando piano o bruscamente mentre camminava.

他一边走一边寻找呼唤的声音，轻轻地或尖锐地吠叫。

Annusò il muschio e il terreno nero dove cresceva l'erba.

他嗅了嗅长满草的苔藓和黑土的味道。

Sbuffò di piacere sentendo i ricchi odori della terra profonda.

听到深层泥土的浓郁气味，他高兴地哼了一声。

Rimase accovacciato per ore dietro i tronchi ricoperti di funghi.

他在长满真菌的树干后面蹲了几个小时。

Rimase immobile, ascoltando con gli occhi sgranati ogni minimo rumore.

他一动不动，睁大眼睛聆听每一个细微的声音。

Forse sperava di sorprendere la cosa che aveva emesso la chiamata.

他或许希望给打电话的人一个惊喜。

Non sapeva perché si comportava in quel modo: lo faceva e basta.

他不知道自己为何这么做——他只是这么做了。

Questi impulsi provenivano dal profondo, al di là del pensiero o della ragione.

这种冲动源自内心深处，超越了思考或理性。

Buck fu colto da impulsi irresistibili, senza preavviso o motivo.

无法抗拒的冲动毫无预兆或理由地占据了巴克的心。

A volte sonnecchiava pigramente nell'accampamento, sotto il caldo di mezzogiorno.

有时，在正午的酷热中，他在营地里懒洋洋地打瞌睡。

All'improvviso sollevò la testa e le sue orecchie si drizzarono in allerta.

突然，他抬起头，警惕地竖起耳朵。

Poi balzò in piedi e si lanciò nella natura selvaggia senza fermarsi.

然后他跳了起来，毫不停顿地冲进了荒野。

Corse per ore attraverso sentieri forestali e spazi aperti.

他在森林小径和空地上跑了几个小时。

Amava seguire i letti asciutti dei torrenti e spiare gli uccelli sugli alberi.

他喜欢沿着干涸的河床行走并观察树上的鸟儿。

Poteva restare nascosto tutto il giorno, osservando le pernici che si pavoneggiavano in giro.

他可以整天躲藏着，看着鹧鸪四处走动。

Suonavano i tamburi e marciavano, ignari della presenza immobile di Buck.

他们一边击鼓一边行进，完全没有注意到巴克还在。

Ma ciò che amava di più era correre al crepuscolo estivo.

但他最喜欢的还是夏日黄昏时分的奔跑。

La luce fioca e i suoni assonnati della foresta lo riempivano di gioia.

昏暗的灯光和令人昏昏欲睡的森林声音让他充满了喜悦。

Leggeva i cartelli della foresta con la stessa chiarezza con cui un uomo legge un libro.

他能像读书一样清楚地读出森林里的迹象。

E cercava sempre la strana cosa che lo chiamava.

他总是在寻找那召唤他的奇怪事物。

Quella chiamata non si è mai fermata: lo raggiungeva sia da sveglio che nel sonno.

那个呼唤从未停止——

无论他醒着还是睡着，它都能够听到。

Una notte si svegliò di soprassalto, con gli occhi acuti e le orecchie tese.

一天夜里，他突然惊醒，眼睛锐利，耳朵竖起。

Le sue narici si contrassero mentre la sua criniera si rizzava in onde.

他的鼻孔抽动着，鬃毛竖起，像波浪一样。

Dal profondo della foresta giunse di nuovo quel suono, il vecchio richiamo.

森林深处再次传来声音，那古老的呼唤。

Questa volta il suono risuonò chiaro, un ululato lungo, inquietante e familiare.

这一次，声音很清晰，是一声悠长、萦绕心头、熟悉的嚎叫。

Era come il verso di un husky, ma dal tono strano e selvaggio.

它就像哈士奇的叫声，但语气奇怪而狂野。

Buck riconobbe subito quel suono: lo aveva già sentito molto tempo prima.

巴克立刻就听出了这个声音——
他很久以前就听过这个声音。

Attraversò con un balzo l'accampamento e scomparve rapidamente nel bosco.

他冲过营地，迅速消失在树林里。

Avvicinandosi al suono, rallentò e si mosse con cautela.

当他靠近声音时，他放慢了速度并小心翼翼地移动。

Presto raggiunse una radura tra fitti pini.

很快他就到达了茂密松树之间的一片空地。

Lì, ritto sulle zampe posteriori, sedeva un lupo grigio alto e magro.

那里，坐着一只高大、精瘦的森林狼。

Il naso del lupo puntava verso il cielo, continuando a riecheggiare il richiamo.

狼的鼻子指向天空，仍然回荡着叫声。

Buck non aveva emesso alcun suono, eppure il lupo si fermò e ascoltò.

巴克没有发出任何声音，但狼却停下来听。

Percependo qualcosa, il lupo si irrigidì e scrutò l'oscurità.

感觉到了什么，狼紧张起来，搜寻着黑暗。

Buck si fece avanti furtivamente, con il corpo basso e i piedi ben appoggiati al terreno.

巴克悄悄地出现在视野中，身体低垂，双脚静静地踩在地上。

La sua coda era dritta e il suo corpo era teso e teso.

他的尾巴笔直，身体因紧张而紧紧蜷缩着。

Manifestava sia un atteggiamento minaccioso che una sorta di rude amicizia.

他既表现出威胁，又表现出一种粗鲁的友谊。

Era il saluto cauto tipico delle bestie selvatiche.

这是野兽之间谨慎的问候。

Ma il lupo si voltò e fuggì non appena vide Buck.

但狼一看见巴克就转身逃跑了。

Buck si lanciò all'inseguimento, saltando selvaggiamente, desideroso di raggiungerlo.

巴克疯狂地跳跃，追赶它，渴望追上它。

Seguì il lupo in un ruscello secco bloccato da un ingorgo di tronchi.

他跟着狼走进了一条被木材堵塞的干涸小溪。

Messo alle strette, il lupo si voltò e rimase fermo.

狼被逼到绝境，转身站稳了脚跟。

Il lupo ringhiò e schioccò i denti come un husky intrappolato in una rissa.

狼像一只在战斗中被困住的哈士奇犬一样，发出咆哮和撕咬的声音。

I denti del lupo schioccarono rapidamente e il suo corpo si irrigidì per la furia selvaggia.

狼的牙齿快速咬合，身上充满狂野的怒火。

Buck non attaccò, ma girò intorno al lupo con attenta cordialità.

巴克没有发起攻击，而是小心翼翼地友好地绕着狼转圈。

Cercò di bloccargli la fuga con movimenti lenti e innocui.

他试图通过缓慢、无害的动作来阻止自己逃跑。

Il lupo era cauto e spaventato: Buck lo superava di peso tre volte.

狼很警惕，也很害怕——巴克的体重是它的三倍。

La testa del lupo arrivava a malapena all'altezza della spalla massiccia di Buck.

狼的头刚好够到巴克宽阔的肩膀。

Il lupo, attento a individuare un varco, si lanciò e l'inseguimento ricominciò.

狼发现空隙后，拔腿就跑，追逐再次开始。

Buck lo mise alle strette più volte e la danza si ripeté.

巴克多次将他逼到角落，然后又重复同样的舞蹈。

Il lupo era magro e debole, altrimenti Buck non avrebbe potuto catturarlo.

这只狼又瘦又弱，否则巴克不可能抓住它。

Ogni volta che Buck si avvicinava, il lupo si girava di scatto e lo affrontava spaventato.

每当巴克靠近时，狼就会转身并惊恐地面对他。

Poi, alla prima occasione, si precipitò di nuovo nel bosco.

然后，他一有机会，就再次冲进了树林。

Ma Buck non si arrese e alla fine il lupo imparò a fidarsi di lui.

但巴克没有放弃，最终狼终于信任了他。

Annusò il naso di Buck e i due diventarono giocosi e attenti.

他嗅了嗅巴克的鼻子，两只巴克变得嬉戏又警觉起来。

Giocavano come animali selvaggi, feroci ma timidi nella loro gioia.

他们像野生动物一样玩耍，快乐时凶猛，但又害羞。

Dopo un po' il lupo trotterellò via con calma e decisione.

过了一会儿，狼平静地小跑着走开了。

Dimostrò chiaramente a Buck che intendeva essere seguito.

他清楚地向巴克表示他想要被跟踪。

Correvano fianco a fianco nel buio della sera.

他们并肩奔跑在暮色中。

Seguirono il letto del torrente fino alla gola rocciosa.

他们沿着河床走进岩石峡谷。

Attraversarono un freddo spartiacque nel punto in cui aveva avuto origine il fiume.

他们穿过了溪流起源处的寒冷分水岭。

Sul pendio più lontano trovarono un'ampia foresta e molti corsi d'acqua.

在远处的山坡上，他们发现了广阔的森林和许多溪流。

Corsero per ore senza fermarsi attraverso quella terra immensa.

在这片广袤的土地上，他们不停地奔跑了几个小时。

Il sole saliva sempre più alto, l'aria si faceva calda, ma loro continuavano a correre.

太阳越来越高，天气越来越暖，但他们仍继续奔跑。

Buck era pieno di gioia: sapeva di aver risposto alla sua chiamata.

巴克心里充满了喜悦——

他知道他正在回应他的召唤。

Corse accanto al fratello della foresta, più vicino alla fonte della chiamata.

他跑到森林兄弟身边，靠近呼唤声的来源。

I vecchi sentimenti ritornano, potenti e difficili da ignorare.

旧日的感情又回来了，强烈而难以忽视。

Queste erano le verità nascoste nei ricordi dei suoi sogni.

这就是他梦中记忆的真相。

Tutto questo lo aveva già fatto in un mondo lontano e oscuro.

他曾经在一个遥远而阴暗的世界里做过这一切。

Questa volta lo fece di nuovo, scatenandosi con il cielo aperto sopra di lui.

现在他又这样做了，在开阔的天空下狂奔。

Si fermarono presso un ruscello per bere l'acqua fredda che scorreva.

他们在一条小溪边停下来喝冰凉的流水。

Mentre beveva, Buck si ricordò improvvisamente di John Thornton.

喝酒的时候，巴克突然想起了约翰·桑顿。

Si sedette in silenzio, lacerato dal sentimento di lealtà e dalla chiamata.

他默默地坐了下来，忠诚和使命的牵引让他心力交瘁。

Il lupo continuò a trottare, ma tornò indietro per incitare Buck ad andare avanti.

狼继续小跑，但又回来催促巴克前进。

Gli annusò il naso e cercò di convincerlo con gesti gentili.

他嗅了嗅他的鼻子，并试图用温柔的动作哄他。

Ma Buck si voltò e riprese a tornare indietro per la strada da cui era venuto.

但巴克却转身，沿着来时的路返回。

Il lupo gli corse accanto per molto tempo, guaindo piano.

狼在他旁边跑了很久，小声地哀嚎着。

Poi si sedette, alzò il naso ed emise un lungo ululato.

然后他坐下来，抬起鼻子，发出一声长长的嚎叫。

Era un grido lugubre, che si addolcì mentre Buck si allontanava.

这是一声悲伤的哭喊，随着巴克走开，哭喊声渐渐减弱了。

Buck ascoltò mentre il suono del grido svaniva lentamente nel silenzio della foresta.

巴克听着哭喊声渐渐消失在森林的寂静中。

John Thornton stava cenando quando Buck irruppe nell'accampamento.

当巴克冲进营地时，约翰·桑顿正在吃晚饭。

Buck gli saltò addosso selvaggiamente, leccandolo, mordendolo e facendolo rotolare.

巴克疯狂地向他扑来，舔他、咬他、把他推倒。

Lo fece cadere, gli saltò sopra e gli baciò il viso.

他把他打倒，爬到他身上，亲吻他的脸。

Thornton lo definì con affetto "fare il buffone".

桑顿深情地将此称为"愚弄大众"。

Nel frattempo, imprecava dolcemente contro Buck e lo scuoteva avanti e indietro.

他一直轻轻地咒骂着巴克，并来回摇晃他。

Per due interi giorni e due notti, Buck non lasciò l'accampamento nemmeno una volta.

整整两天两夜，巴克一次也没有离开营地。

Si teneva vicino a Thornton e non lo perdeva mai di vista.
他一直跟在桑顿身边，从不让他离开自己的视线。

Lo seguiva mentre lavorava e lo osservava mentre mangiava.
他跟着他干活，看着他吃饭。

Di notte vedeva Thornton avvolto nelle sue coperte e ogni mattina lo vedeva uscire.
他看到桑顿每天晚上钻进毯子里，早上又钻出毯子。

Ma presto il richiamo della foresta ritornò, più forte che mai.
但很快森林的呼唤又回来了，而且比以前更加响亮。

Buck si sentì di nuovo irrequieto, agitato dal pensiero del lupo selvatico.
巴克又开始焦躁起来，他一想到野狼就烦躁不安。

Ricordava la terra aperta e le corse fianco a fianco.
他记得在开阔的土地上并肩奔跑。

Ricominciò a vagare nella foresta, solo e vigile.
他再次独自一人，警惕地走进森林。

Ma il fratello selvaggio non tornò e l'ululato non fu udito.
可是野性兄弟没有回来，也没有听到嚎叫。

Buck cominciò a dormire all'aperto, restando lontano anche per giorni interi.
巴克开始在外面睡觉，一次出去好几天。

Una volta attraversò l'alto spartiacque dove aveva origine il torrente.
有一次，他越过了小溪源头处的高分水岭。

Entrò nella terra degli alberi scuri e dei grandi corsi d'acqua.
他进入了一片有着深色木材和宽阔溪流的土地。

Vagò per una settimana alla ricerca di tracce del fratello selvaggio.
他四处游荡了一周，寻找野生兄弟的踪迹。

Uccideva la propria carne e viaggiava a passi lunghi e instancabili.
他亲手宰杀了肉，然后迈着不知疲倦的长步前进。

Pescò salmoni in un ampio fiume che arrivava fino al mare.
他在一条流入大海的宽阔河流中捕捞鲑鱼。

Lì lottò e uccise un orso nero reso pazzo dagli insetti.

在那里，他与一只被虫子逼疯的黑熊搏斗并杀死了它。

L'orso stava pescando e corse alla cieca tra gli alberi.
这只熊一直在钓鱼，然后盲目地在树林里奔跑。

La battaglia fu feroce e risvegliò il profondo spirito combattivo di Buck.
战斗十分激烈，唤醒了巴克深厚的战斗精神。

Due giorni dopo, Buck tornò e trovò dei ghiottoni nei pressi della sua preda.
两天后，巴克回来发现狼獾正围着他的猎物。

Una dozzina di loro litigarono furiosamente e rumorosamente per la carne.
他们十几个人为了肉吵吵闹闹、争吵不休。

Buck caricò e li disperse come foglie al vento.
巴克冲了过来，把他们像风中的落叶一样吹散了。

Due lupi rimasero indietro: silenziosi, senza vita e immobili per sempre.
留下了两只狼——沉默、毫无生气、永远一动不动。

La sete di sangue divenne più forte che mai.
对鲜血的渴望比以往任何时候都更加强烈。

Buck era un cacciatore, un assassino, che si nutriva di creature viventi.
巴克是一名猎人、一名杀手，以活物为食。

Sopravvisse da solo, affidandosi alla sua forza e ai suoi sensi acuti.
他依靠自己的力量和敏锐的感觉独自生存了下来。

Prosperava nella natura selvaggia, dove solo i più forti potevano sopravvivere.
他在野外茁壮成长，那里只有最坚强的人才能生存。

Da ciò nacque un grande orgoglio che riempì tutto l'essere di Buck.
从此，一股巨大的自豪感油然而生，充满了巴克的整个身心。

Il suo orgoglio traspariva da ogni passo, dal fremito di ogni muscolo.

他的每一个脚步、每一块肌肉的波动都彰显着他的骄傲。

Il suo orgoglio era evidente, come si vedeva dal suo comportamento.

他的骄傲就像言语一样明显，从他的举止中可以看出来。

Persino il suo spesso mantello appariva più maestoso e splendeva di più.

就连他厚厚的皮毛也显得更加威严、更加闪亮。

Buck avrebbe potuto essere scambiato per un lupo grigio gigante.

巴克可能会被误认为是一只巨大的森林狼。

A parte il marrone sul muso e le macchie sopra gli occhi.

除了口鼻部是棕色的，眼睛上方有斑点。

E la striscia bianca di pelo che gli correva lungo il centro del petto.

还有一条白色的毛发从他的胸部中央垂下来。

Era addirittura più grande del più grande lupo di quella feroce razza.

他甚至比那种凶猛品种中最大的狼还要大。

Suo padre, un San Bernardo, gli ha trasmesso la stazza e la corporatura robusta.

他的父亲是一只圣伯纳犬，赋予了他高大魁梧的体格。

Sua madre, una pastorella, plasmò quella mole conferendole la forma di un lupo.

他的母亲是一位牧羊人，她将这个庞然大物塑造成了狼的形状。

Aveva il muso lungo di un lupo, anche se più pesante e largo.

他有着像狼一样的长嘴，但更重、更宽。

La sua testa era quella di un lupo, ma di dimensioni enormi e maestose.

他的头是狼头，但体型巨大，威严雄伟。

L'astuzia di Buck era l'astuzia del lupo e della natura selvaggia.

巴克的狡猾是狼的狡猾，是野性的狡猾。

La sua intelligenza gli venne sia dal Pastore Tedesco che dal San Bernardo.

他的智力既来自德国牧羊犬，也来自圣伯纳犬。

Tutto ciò, unito alla dura esperienza, lo rese una creatura temibile.

所有这些，再加上严酷的经历，使他成为一个可怕的生物。

Era formidabile quanto qualsiasi animale che vagasse nelle terre selvagge del nord.

他和北方荒野中游荡的任何野兽一样强大。

Nutrendosi solo di carne, Buck raggiunse l'apice della sua forza.

巴克只吃肉，体力就达到了顶峰。

Trasudava potenza e forza maschile in ogni fibra del suo corpo.

他的每一个细胞都充满着力量和男性的力量。

Quando Thornton gli accarezzò la schiena, i peli brillarono di energia.

当桑顿抚摸他的背部时，他的毛发便闪烁着活力。

Ogni capello scricchiolava, carico del tocco di un magnetismo vivente.

每根头发都发出噼啪声，充满了活生生的磁力。

Il suo corpo e il suo cervello erano sintonizzati sulla tonalità più fine possibile.

他的身体和大脑已经调整到了最佳状态。

Ogni nervo, ogni fibra e ogni muscolo lavoravano in perfetta armonia.

每根神经、纤维和肌肉都完美地协调运作。

A qualsiasi suono o visione che richiedesse un intervento, rispondeva immediatamente.

对于任何需要采取行动的声音或景象，他都会立即做出反应。

Se un husky saltava per attaccare, Buck poteva saltare due volte più velocemente.

如果哈士奇跳起来攻击，巴克可以跳得快两倍。

Reagì più rapidamente di quanto gli altri potessero vedere o sentire.

他的反应比其他人看到或听到的还要快。

Percezione, decisione e azione avvennero tutte in un unico, fluido istante.

感知、决策和行动都在一个流畅的时刻发生。

In realtà si tratta di atti separati, ma troppo rapidi per essere notati.

事实上，这些行为是分开的，但速度太快而难以察觉
。

Gli intervalli tra questi atti erano così brevi che sembravano uno solo.

这些动作之间的间隔非常短暂，看起来就像一个动作
。

I suoi muscoli e il suo essere erano come molle strettamente avvolte.

他的肌肉和身躯就像紧紧盘绕的弹簧一样。

Il suo corpo traboccava di vita, selvaggia e gioiosa nella sua potenza.

他的身体充满了生命力，充满狂野和快乐。

A volte aveva la sensazione che la forza stesse per esplodere completamente dentro di lui.

有时他感觉力量就要从他体内完全爆发出来。

"Non c'è mai stato un cane simile", disse Thornton un giorno tranquillo.

"从来没有过这样的狗，" 桑顿在一个平静的日子里
说道。

I soci osservarono Buck uscire fiero dall'accampamento.

伙伴们看着巴克骄傲地大步走出营地。

"Quando è stato creato, ha cambiato il modo in cui un cane può essere", ha detto Pete.

皮特说："当他被创造出来时，他改变了狗的本质。"

"Per Dio! Lo penso anch'io", concordò subito Hans.
"天哪！我自己也这么认为，" 汉斯很快就同意了。

Lo videro allontanarsi, ma non il cambiamento che avvenne dopo.
他们看见他离开，却没有看到随后发生的变化。

Non appena entrò nel bosco, Buck si trasformò completamente.
一进入树林，巴克就完全变了样。

Non marciava più, ma si muoveva come uno spettro selvaggio tra gli alberi.
他不再行进，而是像树林中的野鬼一样移动。

Divenne silenzioso, come un gatto, un bagliore che attraversava le ombre.
他变得沉默不语，脚步轻快，身影在阴影中闪动。

Usava la copertura con abilità, strisciando sulla pancia come un serpente.
他熟练地利用掩护，像蛇一样匍匐前进。

E come un serpente, sapeva balzare in avanti e colpire in silenzio.
就像一条蛇，他可以悄无声息地向前跳跃并发起攻击。

Potrebbe rubare una pernice bianca direttamente dal suo nido nascosto.
他可以直接从隐藏的巢穴中偷走一只雷鸟。

Uccideva i conigli addormentati senza emettere alcun suono.
他悄无声息地杀死了熟睡的兔子。

Riusciva a catturare gli scoiattoli a mezz'aria anche se fuggivano troppo lentamente.
他可以在半空中抓住逃跑速度太慢的花栗鼠。

Nemmeno i pesci nelle pozze riuscivano a sfuggire ai suoi attacchi improvvisi.
就连池塘里的鱼也无法逃脱他的突然袭击。

Nemmeno i furbi castori impegnati a riparare le dighe erano al sicuro da lui.

甚至连修缮水坝的聪明海狸也无法逃脱他的攻击。

Uccideva per nutrirsi, non per divertirsi, ma preferiva uccidere le proprie vittime.

他杀生是为了食物，而不是为了乐趣——
但他最喜欢自己杀死的猎物。

Eppure, un umorismo subdolo permeava alcune delle sue cacce silenziose.

尽管如此，他的一些无声狩猎中仍流露出一种狡黠的幽默。

Si avvicinò furtivamente agli scoiattoli, solo per lasciarli scappare.

他悄悄靠近松鼠，却让它们逃走了。

Stavano per fuggire tra gli alberi, chiacchierando con rabbia e paura.

它们正要逃到树林里，一边发出恐惧和愤怒的声音。

Con l'arrivo dell'autunno, le alci cominciarono ad apparire in numero maggiore.

随着秋天的到来，驼鹿的数量开始增多。

Si spostarono lentamente verso le basse valli per affrontare l'inverno.

它们慢慢地迁入低谷，度过冬天。

Buck aveva già abbattuto un giovane vitello randagio.

巴克已经捕获了一头迷路的小牛犊。

Ma lui desiderava ardentemente affrontare prede più grandi e pericolose.

但他渴望面对更大、更危险的猎物。

Un giorno, sul crinale, alla sorgente del torrente, trovò la sua occasione.

有一天，在分水岭上，在小溪的源头，他找到了机会。

Una mandria di venti alci era giunta da terre boscose.

一群二十头驼鹿从森林地带走过来。

Tra loro c'era un possente toro, il capo del gruppo.

其中有一头威武的公牛，它是这群公牛的首领。

Il toro era alto più di due metri e mezzo e appariva feroce e selvaggio.

这头公牛身高超过六英尺，看上去凶猛而狂野。

Lanciò le sue grandi corna, le cui quattordici punte si diramavano verso l'esterno.

他摇晃着宽大的鹿角，十四个角向外分叉。

Le punte di quelle corna si estendevano per due metri.

这些鹿角的尖端长达七英尺。

I suoi piccoli occhi ardevano di rabbia quando vide Buck lì vicino.

当他发现巴克在附近时，他的小眼睛里燃起了愤怒的火焰。

Emise un ruggito furioso, tremando di rabbia e dolore.

他发出一声愤怒的咆哮，因愤怒和痛苦而颤抖。

Vicino al suo fianco spuntava la punta di una freccia, appuntita e piumata.

一支箭尖从他的侧腹附近伸出，呈羽毛状，十分锋利。

Questa ferita contribuì a spiegare il suo umore selvaggio e amareggiato.

这处伤口解释了他野蛮、痛苦的情绪。

Buck, guidato dall'antico istinto di caccia, fece la sua mossa.

巴克在古老的狩猎本能的指引下采取了行动。

Il suo obiettivo era separare il toro dal resto della mandria.

他的目的是将这头公牛与其他牛群区分开。

Non era un compito facile: richiedeva velocità e una grande astuzia.

这不是一件容易的事——它需要速度和敏锐的智慧。

Abbaiava e danzava vicino al toro, appena fuori dalla sua portata.

他在公牛附近吠叫并跳舞，但刚好超出了它的射程。

L'alce si lanciò con enormi zoccoli e corna mortali.

驼鹿用巨大的蹄子和致命的鹿角猛扑过来。

Un colpo avrebbe potuto porre fine alla vita di Buck in un batter d'occhio.

一次打击就可能瞬间结束巴克的生命。

Incapace di abbandonare la minaccia, il toro si infuriò.

公牛无法摆脱威胁，变得疯狂。

Lui caricava con furia, ma Buck riusciva sempre a sfuggirgli.

他愤怒地冲锋，但巴克总是溜走。

Buck finse di essere debole, allontanandosi ulteriormente dalla mandria.

巴克假装虚弱，引诱他远离牛群。

Ma i giovani tori sarebbero tornati alla carica per proteggere il capo.

但年轻的公牛会冲回来保护领头牛。

Costrinsero Buck a ritirarsi e il toro a ricongiungersi al gruppo.

他们迫使巴克撤退，并迫使公牛重新加入群体。

C'è una pazienza nella natura selvaggia, profonda e inarrestabile.

野性中蕴藏着一种忍耐，深沉而不可阻挡。

Un ragno resta immobile nella sua tela per innumerevoli ore.

一只蜘蛛在网中一动不动地等待了无数个小时。

Un serpente si avvolge su se stesso senza contrarsi e aspetta il momento giusto.

蛇盘绕着身体，不抽搐，等待时机成熟。

Una pantera è in agguato, finché non arriva il momento.

一只豹子埋伏着，等待时机到来。

Questa è la pazienza dei predatori che cacciano per sopravvivere.

这是为了生存而狩猎的掠食者的耐心。

La stessa pazienza ardeva dentro Buck mentre gli restava accanto.

当巴克靠近他时，他的心里也燃烧着同样的耐心。

Rimase vicino alla mandria, rallentandone la marcia e incutendo timore.

他待在牛群附近，减缓牛群的行进速度并引起恐惧。

Provocava i giovani tori e molestava le mucche madri.

他戏弄小公牛并骚扰母牛。

Spinse il toro ferito in una rabbia ancora più profonda e impotente.

他让受伤的公牛陷入更深的、无助的狂怒之中。

Per mezza giornata il combattimento si trascinò senza alcuna tregua.

足足有半天的时间，战斗一直持续着，没有丝毫的停歇。

Buck attaccò da ogni angolazione, veloce e feroce come il vento.

巴克从各个角度发起攻击，速度快如风，凶猛如风。

Impedì al toro di riposare o di nascondersi con la mandria.

他阻止公牛休息或与牛群一起躲藏。

Buck logorò la volontà dell'alce più velocemente del suo corpo.

巴克消灭驼鹿的意志比消灭它的身体的速度还快。

Il giorno passò e il sole tramontò basso nel cielo a nord-ovest.

一天过去了，太阳低低地沉入西北的天空。

I giovani tori tornarono più lentamente per aiutare il loro capo.

年轻的公牛慢慢地返回去帮助它们的首领。

Erano tornate le notti autunnali e il buio durava ormai sei ore.

秋夜又回来了，黑暗持续了六个小时。

L'inverno li spingeva verso valli più sicure e calde.

冬天迫使他们下山，进入更安全、更温暖的山谷。

Ma non riuscirono comunque a sfuggire al cacciatore che li tratteneva.

但他们仍然无法逃脱阻止他们的猎人。

Era in gioco solo una vita: non quella del branco, ma quella del loro capo.

只有一个人的生命受到威胁——
不是牛群的生命，而是牛群首领的生命。

Ciò rendeva la minaccia lontana e non una loro
preoccupazione urgente.

这使得威胁变得遥远，不再是他们迫切需要关注的问题。

Col tempo accettarono questo prezzo e lasciarono che Buck
prendesse il vecchio toro.

最终，他们接受了这个代价并让巴克带走了这头老公牛。

Mentre calava il crepuscolo, il vecchio toro rimase in piedi
con la testa bassa.

暮色降临，老公牛低着头站着。

Guardò la mandria che aveva guidato svanire nella luce
morente.

他看着自己带领的牛群消失在渐渐暗淡的光线中。

C'erano mucche che aveva conosciuto, vitelli che un tempo
aveva generato.

那里有他认识的母牛，也有他曾经养育过的小牛。

C'erano tori più giovani con cui aveva combattuto e che
aveva dominato nelle stagioni passate.

在过去的几个季节里，他曾与一些年轻的公牛搏斗并获胜。

Non poteva seguirli, perché davanti a lui era di nuovo
accovacciato Buck.

他无法跟随他们——因为巴克又蹲在他面前。

Il terrore spietato e zannuto gli bloccava ogni via che potesse
percorrere.

这只长着无情尖牙的恐怖怪物挡住了他的每一条路。

Il toro pesava più di trecento chili di potenza densa.

这头公牛体重超过三百磅，蕴含着强大的力量。

Aveva vissuto a lungo e lottato duramente in un mondo di
difficoltà.

他活了很久，并在充满斗争的世界中努力奋斗。

Eppure, alla fine, la morte gli venne commessa da una bestia
molto più bassa di lui.

然而现在，最终，死亡却来自远在他之下的野兽。

La testa di Buck non arrivò nemmeno alle enormi ginocchia noccate del toro.

巴克的头甚至没有抬到公牛巨大的膝盖。

Da quel momento in poi, Buck rimase con il toro notte e giorno.

从那一刻起，巴克就日夜和公牛呆在一起。

Non gli dava mai tregua, non gli permetteva mai di brucare o bere.

他从不让他休息，从不让他吃草或喝水。

Il toro cercò di mangiare giovani germogli di betulla e foglie di salice.

公牛试图吃嫩桦树芽和柳树叶。

Ma Buck lo scacciò, sempre all'erta e sempre all'attacco.

但巴克把他赶走了，他始终保持警惕，不断发起攻击。

Anche nei torrenti che scorrevano, Buck bloccava ogni assetato tentativo.

即使在涓涓细流旁，巴克也会阻止每一次口渴的尝试。

A volte, in preda alla disperazione, il toro fuggiva a tutta velocità.

有时，公牛绝望了，会全速逃跑。

Buck lo lasciò correre, avanzando tranquillamente dietro di lui, senza mai allontanarsi troppo.

巴克让他跑，自己则在后面平静地奔跑，不远离。

Quando l'alce si fermò, Buck si sdraiò, ma rimase pronto.

当驼鹿停下来时，巴克躺下，但仍保持准备状态。

Se il toro provava a mangiare o a bere, Buck colpiva con tutta la sua furia.

如果公牛试图吃东西或喝水，巴克就会愤怒地攻击它。

La grande testa del toro si abbassava sotto le enormi corna.

公牛的大脑袋在巨大的鹿角下低垂着。

Il suo passo rallentò, il trotto divenne pesante, un'andatura barcollante.

他的步伐慢了下来，小跑变得沉重，步履蹒跚。

Spesso restava immobile con le orecchie abbassate e il naso rivolto verso il terreno.

他经常静静地站着，耳朵和鼻子耷拉在地上。

In quei momenti Buck si prese del tempo per bere e riposare.

在那些时刻，巴克会花时间喝水和休息。

Con la lingua fuori e gli occhi fissi, Buck sentì che la terra stava cambiando.

巴克伸出舌头，双眼凝视，感觉到土地正在发生变化。

Sentì qualcosa di nuovo muoversi nella foresta e nel cielo.

他感觉到森林和天空中有一些新的东西在移动。

Con il ritorno delle alci tornarono anche altre creature selvatiche.

随着驼鹿的回归，其他野生动物也随之回归。

La terra sembrava viva di una presenza invisibile ma fortemente nota.

这片土地充满生机，虽然看不见，却又为人熟知。

Buck non lo sapeva tramite l'udito, la vista o l'olfatto.

巴克并不是通过声音、视觉或嗅觉知道这一点的。

Un sentimento più profondo gli diceva che nuove forze erano in movimento.

一种更深层次的感觉告诉他，新的力量正在行动。

Una strana vita si agitava nei boschi e lungo i corsi d'acqua.

奇异的生命在树林和溪流间活跃起来。

Decise di esplorare questo spirito una volta completata la caccia.

狩猎结束后，他决定探索这个灵魂。

Il quarto giorno, Buck riuscì finalmente a catturare l'alce.

第四天，巴克终于把驼鹿打倒了。

Rimase nei pressi della preda per un giorno e una notte interi, nutrendosi e riposandosi.

他在猎物旁边呆了一整天一夜，进食、休息。

Mangiò, poi dormì, poi mangiò ancora, finché non fu forte e sazio.

他吃饭、睡觉，然后再吃饭，直到他强壮、饱足。

Quando fu pronto, tornò indietro verso l'accampamento e Thornton.

当他准备好时，他转身返回营地和桑顿。

Con passo costante iniziò il lungo viaggio di ritorno verso casa.

他迈着稳健的步伐，开始了漫长的归途。

Correva con la sua andatura instancabile, ora dopo ora, senza mai smarrirsi.

他不知疲倦地奔跑，一个小时又一个小时，从未走失。

Attraverso terre sconosciute, si muoveva dritto come l'ago di una bussola.

在穿越未知的土地时，他像指南针一样笔直地前进。

Il suo senso dell'orientamento faceva sembrare deboli, al confronto, l'uomo e la mappa.

相比之下，他的方向感让人类和地图都显得无力。

Mentre Buck correva, sentiva sempre più forte l'agitazione nella terra selvaggia.

巴克越跑，就越强烈地感受到荒野的骚动。

Era un nuovo tipo di vita, diverso da quello dei tranquilli mesi estivi.

这是一种新的生活，不同于平静的夏季生活。

Questa sensazione non giungeva più come un messaggio sottile o distante.

这种感觉不再是一种微妙或遥远的信息。

Ora gli uccelli parlavano di questa vita e gli scoiattoli chiacchieravano.

现在鸟儿们谈论着这种生活，松鼠们也喋喋不休地谈论着它。

Persino la brezza sussurrava avvertimenti tra gli alberi silenziosi.

甚至连微风在寂静的树林间低声发出警告。

Più volte si fermò ad annusare l'aria fresca del mattino.

他多次停下来，呼吸着早晨的新鲜空气。

Lì lesse un messaggio che lo fece fare un balzo in avanti più velocemente.

他在那里读了一条信息，这让他向前跳跃得更快了。

Fu pervaso da un forte senso di pericolo, come se qualcosa fosse andato storto.

一种浓重的危机感弥漫在他的心头，仿佛有什么事情出了差错。

Temeva che la calamità stesse per arrivare, o che fosse già arrivata.

他担心灾难即将来临——或者已经来临。

Superò l'ultima cresta ed entrò nella valle sottostante.

他越过最后一座山脊，进入了下面的山谷。

Si muoveva più lentamente, attento e cauto a ogni passo.

他走得更慢了，每一步都警惕而谨慎。

Dopo tre miglia trovò una pista fresca che lo fece irrigidire.

走出三英里后，他发现了一条新鲜的小路，这让他感到一阵僵硬。

I peli sul collo si rizzarono e si rizzarono in segno di allarme.

他脖子上的毛发惊恐地竖了起来。

Il sentiero portava dritto all'accampamento dove Thornton aspettava.

这条小路笔直通向桑顿等候的营地。

Buck ora si muoveva più velocemente, con passi silenziosi e rapidi.

巴克现在走得更快了，他的步伐既安静又迅速。

I suoi nervi si irrigidirono mentre leggeva segnali che altri non avrebbero notato.

当他看到别人可能忽略的迹象时，他的神经变得紧张起来。

Ogni dettaglio del percorso raccontava una storia, tranne l'ultimo pezzo.

小径上的每一个细节都讲述着一个故事——除了最后一段。

Il suo naso gli raccontò della vita che aveva trascorso lì.

他的鼻子告诉他这条路上过去的生活。

L'odore gli fornì un'immagine mutevole mentre lo seguiva da vicino.

当他紧随其后时，气味使他看到了不断变化的画面。

Ma la foresta stessa era diventata silenziosa, innaturalmente immobile.

但森林本身却变得安静，异常安静。

Gli uccelli erano scomparsi, gli scoiattoli erano nascosti, silenziosi e immobili.

鸟儿消失了，松鼠也躲了起来，静静地。

Vide solo uno scoiattolo grigio, sdraiato su un albero morto.

他只看到一只灰松鼠趴在一棵枯树上。

Lo scoiattolo si mimetizzava, rigido e immobile come una parte della foresta.

松鼠融入其中，僵硬而一动不动，就像森林的一部分。

Buck si muoveva come un'ombra, silenzioso e sicuro tra gli alberi.

巴克像影子一样移动，悄无声息、坚定地穿过树林。

Il suo naso si mosse di lato come se fosse stato tirato da una mano invisibile.

他的鼻子猛地向一侧歪去，仿佛被一只看不见的手拉扯着。

Si voltò e seguì il nuovo odore nel profondo di un boschetto.

他转身，循着新的气味走进了灌木丛深处。

Lì trovò Nig, steso morto, trafitto da una freccia.

他发现尼格躺在那里死了，身上被箭射穿。

La freccia gli attraversò il corpo, lasciando ancora visibili le piume.

箭杆穿透了他的身体，羽毛仍然露出。

Nig si era trascinato fin lì, ma era morto prima di riuscire a raggiungere i soccorsi.

尼格拖着自己到达那里，但在得到救援之前就死了。

Cento metri più avanti, Buck trovò un altro cane da slitta.

再往前走一百码，巴克发现了另一只雪橇犬。

Era un cane che Thornton aveva comprato a Dawson City.

这是桑顿在道森市买回来的一只狗。

Il cane lottava con tutte le sue forze, dimenandosi violentemente sul sentiero.

这只狗正在进行殊死挣扎，在路上拼命挣扎。

Buck gli passò accanto senza fermarsi, con gli occhi fissi davanti a sé.

巴克从他身边走过，没有停留，眼睛直视前方。

Dalla direzione dell'accampamento proveniva un canto lontano e ritmico.

从营地方向传来一阵遥远而有节奏的吟唱声。

Le voci si alzavano e si abbassavano con un tono strano, inquietante, cantilenante.

声音以一种奇怪、怪异、唱歌般的音调响起又落下。

Buck strisciò in silenzio fino al limite della radura.

巴克默默地爬到空地的边缘。

Lì vide Hans disteso a faccia in giù, trafitto da numerose frecce.

他看到汉斯面朝下躺着，身上中了许多箭。

Il suo corpo sembrava quello di un porcospino, irto di penne.

他的身体看上去像一只豪猪，身上长满了羽毛。

Nello stesso momento, Buck guardò verso la capanna in rovina.

与此同时，巴克看向了那间被毁坏的小屋。

Quella vista gli fece rizzare i capelli sul collo e sulle spalle.

这一幕让他脖子和肩膀上的汗毛都竖了起来。

Un'ondata di rabbia selvaggia travolse tutto il corpo di Buck.

狂暴的怒火席卷了巴克的全身。

Ringhiò forte, anche se non ne era consapevole.

他大声咆哮，尽管他不知道自己已经咆哮了。

Il suono era crudo, pieno di una furia terrificante e selvaggia.

那声音很生硬，充满了恐怖、野蛮的愤怒。

Per l'ultima volta nella sua vita, Buck perse la ragione a causa delle emozioni.

巴克一生中最后一次失去了理智，被情感所笼罩。

Fu l'amore per John Thornton a spezzare il suo attento controllo.

正是对约翰·桑顿的爱打破了他小心翼翼的控制。

Gli Yeehats ballavano attorno alla baita in legno di abete rosso distrutta.

伊哈特人正在被毁坏的云杉小屋周围跳舞。

Poi si udì un ruggito e una bestia sconosciuta si lanciò verso di loro.

随后传来一声咆哮——

一只不知名的野兽向他们冲来。

Era Buck: una furia in movimento, una tempesta vivente di vendetta.

那是巴克；是一股正在运动的狂怒；是一场活生生的复仇风暴。

Si gettò in mezzo a loro, folle di voglia di uccidere.

他冲进他们中间，疯狂地想要杀戮。

Si lanciò contro il primo uomo, il capo Yeehat, e colpì nel segno.

他向第一个人，也就是 Yeehat 酋长，猛扑过去，击中了他。

La sua gola era squarciata e il sangue schizzava a fiotti.

他的喉咙被撕开，鲜血喷涌而出。

Buck non si fermò, ma con un balzo squarciò la gola dell'uomo successivo.

巴克没有停下来，而是一跃而起，撕开了下一个人的喉咙。

Era inarrestabile: squarciava, tagliava, non si fermava mai a riposare.

他势不可挡——不断撕扯、砍杀，永不停歇。

Si lanciò e balzò così velocemente che le loro frecce non riuscirono a toccarlo.

他飞快地冲刺，以至于他们的箭无法射到他。

Gli Yeehats erano in preda al panico e alla confusione.
耶哈特人也陷入了自己的恐慌和困惑之中。

Le loro frecce non colpirono Buck e si colpirono tra loro.
他们的箭没有射中巴克，而是射中了彼此。

Un giovane scagliò una lancia contro Buck e colpì un altro uomo.
一名年轻人向巴克扔了一支长矛，并击中了另一个人。

La lancia gli trapassò il petto e la punta gli trafisse la schiena.
长矛刺穿了他的胸膛，矛尖刺穿了他的后背。

Il terrore travolse gli Yeehats, che si diedero alla ritirata.
恐惧席卷了耶哈特人，他们全线撤退。

Urlarono allo Spirito Maligno e fuggirono nelle ombre della foresta.
他们尖叫着害怕恶魔并逃进了森林的阴影中。

Buck era davvero come un demone mentre inseguiva gli Yeehats.
确实，当巴克追击耶哈特人时，他就像一个恶魔。

Li inseguì attraverso la foresta, abbattendoli come cervi.
他穿过森林追赶他们，像猎杀鹿一样将他们击倒。

Divenne un giorno di destino e terrore per gli spaventati Yeehats.
对于惊恐万分的耶哈特人来说，这一天成为了命运和恐怖的一天。

Si dispersero sul territorio, fuggendo in ogni direzione.
他们四散逃窜，逃往各地。

Passò un'intera settimana prima che gli ultimi sopravvissuti si incontrassero in una valle.
整整一周后，最后的幸存者在山谷中相遇。

Solo allora contarono le perdite e raccontarono quanto accaduto.
直到那时，他们才计算自己的损失并讲述所发生的事情。

Buck, stanco dell'inseguimento, ritornò all'accampamento in rovina.

巴克追逐累了之后，返回了被毁坏的营地。

Trovò Pete, ancora avvolto nelle coperte, ucciso nel primo attacco.

他发现皮特还盖着毯子，在第一次袭击中丧生。

I segni dell'ultima lotta di Thornton erano visibili nella terra lì vicino.

附近的泥土上留下了桑顿最后一次挣扎的痕迹。

Buck seguì ogni traccia, annusando ogni segno fino al punto finale.

巴克跟踪着每一条踪迹，嗅探着每一个痕迹，直到找到最终的点。

Sul bordo di una profonda pozza trovò il fedele Skeet, immobile.

在一个深水池边，他发现忠实的斯基特一动不动地躺着。

La testa e le zampe anteriori di Skeet erano nell'acqua, immobili nella morte.

斯基特的头和前爪浸在水中，一动不动，一命呜呼。

La piscina era fangosa e contaminata dai liquidi di scarico delle chiuse.

水池很泥泞，被水闸箱里的径流污染了。

La sua superficie torbida nascondeva ciò che si trovava sotto, ma Buck conosceva la verità.

阴云密布的表面掩盖了其下的东西，但巴克知道真相。

Seguì l'odore di Thornton nella piscina, ma non lo portò da nessun'altra parte.

他循着桑顿的气味来到水池里——
但是这气味却没有指向别处。

Non c'era alcun odore che provenisse, solo il silenzio dell'acqua profonda.

没有散发出任何气味——只有深水的寂静。

Buck rimase tutto il giorno vicino alla piscina, camminando avanti e indietro per l'accampamento, addolorato.

巴克整天待在水池附近，悲伤地在营地里踱步。

Vagava irrequieto o sedeva immobile, immerso nei suoi pensieri.

他或焦躁不安地徘徊，或静静地坐着，陷入沉思。

Conosceva la morte, la fine della vita, la scomparsa di ogni movimento.

他知道死亡；生命的终结；一切运动的消失。

Capì che John Thornton se n'era andato e non sarebbe mai più tornato.

他知道约翰·桑顿已经走了，永远不会回来了。

La perdita lasciò in lui un vuoto che pulsava come la fame.

失去让他心里空落落的，像饥饿一样悸动。

Ma questa era una fame che il cibo non riusciva a placare, non importava quanto ne mangiasse.

但这是一种食物无法缓解的饥饿，无论他吃多少。

A volte, mentre guardava i cadaveri di Yeehats, il dolore si attenuava.

有时，当他看到死去的伊哈特人时，痛苦就消失了。

E poi dentro di lui nacque uno strano orgoglio, feroce e totale.

然后，他内心深处升起一股奇怪的骄傲，强烈而彻底。

Aveva ucciso l'uomo, la preda più alta e pericolosa di tutte.

他杀死了人类，这是最高级、最危险的游戏。

Aveva ucciso in violazione dell'antica legge del bastone e della zanna.

他违反了棍棒和尖牙的古老法则而杀人。

Buck annusò i loro corpi senza vita, curioso e pensieroso.

巴克好奇而又若有所思地嗅着它们毫无生气的身体。

Erano morti così facilmente, molto più facilmente di un husky in combattimento.

他们死得太容易了——比打架的哈士奇死得还容易。

Senza le armi non avrebbero avuto vera forza né avrebbero rappresentato una minaccia.

没有武器，他们就没有真正的力量或威胁。

Buck non avrebbe più avuto paura di loro, a meno che non fossero stati armati.

巴克再也不会害怕他们了，除非他们带着武器。

Stava attento solo quando portavano clave, lance o frecce.

只有当他们携带棍棒、长矛或箭时他才会小心。

Calò la notte e la luna piena spuntò alta sopra le cime degli alberi.

夜幕降临，一轮圆月高高地升起在树梢之上。

La pallida luce della luna avvolgeva la terra in un tenue e spettrale chiarore, come se fosse giorno.

月亮的苍白光芒笼罩着大地，使大地笼罩在柔和、幽灵般的光芒之中，如同白昼。

Mentre la notte avanzava, Buck continuava a piangere presso la pozza silenziosa.

夜色越来越深，巴克依然在寂静的水池边哀悼。

Poi si accorse di un diverso movimento nella foresta.

然后他意识到森林里有不一样的动静。

L'agitazione non proveniva dagli Yeehats, ma da qualcosa di più antico e profondo.

这种激动并非来自耶哈特人，而是来自某种更古老、更深层次的东西。

Si alzò in piedi, drizzò le orecchie e tastò con attenzione la brezza con il naso.

他站起来，竖起耳朵，用鼻子仔细地感受着微风。

Da lontano giunse un debole e acuto grido che squarciò il silenzio.

远处传来一声微弱而尖锐的尖叫，划破了寂静。

Poi un coro di grida simili seguì subito dopo il primo.

紧接着，又是一阵类似的哭喊声。

Il suono si avvicinava sempre di più, diventando sempre più forte con il passare dei minuti.

声音越来越近，而且越来越大。

Buck conosceva quel grido: proveniva da quell'altro mondo nella sua memoria.

巴克熟悉这声叫喊——

它来自他记忆中的另一个世界。

Si recò al centro dello spazio aperto e ascoltò attentamente.

他走到空地中央，仔细聆听。

L'appello risuonò più forte che mai, più sentito e più potente che mai.

号召响起，引起了广泛关注，并且比以往任何时候都更加强大。

E ora, più che mai, Buck era pronto a rispondere alla sua chiamata.

现在，巴克比以往任何时候都更愿意响应他的召唤。

John Thornton era morto e in lui non era rimasto alcun legame con l'uomo.

约翰·桑顿已经死了，他与人类的联系已不复存在。

L'uomo e tutte le pretese umane erano svaniti: era finalmente libero.

人类和所有人类的权利都消失了——他终于自由了。

Il branco di lupi era a caccia di carne, proprio come un tempo avevano fatto gli Yeehats.

狼群像耶哈特人曾经做的那样追逐肉食。

Avevano seguito le alci mentre scendevano dalle terre boscose.

他们跟着驼鹿从林地下来。

Ora, selvaggi e affamati di prede, attraversarono la sua valle.

现在，它们变得狂野，渴望猎物，于是进入了他的山谷。

Giunsero nella radura illuminata dalla luna, scorrendo come acqua argentata.

他们来到月光下的空地上，像银色的水一样流淌。

Buck rimase immobile al centro, in attesa.

巴克静静地站在中心，一动不动地等待着他们。

La sua presenza calma e imponente lasciò il branco senza parole, tanto da farlo restare per un breve periodo in silenzio.

他平静而高大的身影让狼群陷入短暂的沉默。

Allora il lupo più audace gli saltò addosso senza esitazione.

然后，最大胆的狼毫不犹豫地直接向他扑来。

Buck colpì rapidamente e spezzò il collo del lupo con un solo colpo.

巴克迅速出击，一击就折断了狼的脖子。

Rimase di nuovo immobile mentre il lupo morente si contorceva dietro di lui.

当垂死的狼在他身后扭动时，他再次一动不动地站着。

Altri tre lupi attaccarono rapidamente, uno dopo l'altro.

又有三只狼迅速发动了攻击，一只接一只。

Ognuno di loro si ritrasse sanguinante, con la gola o le spalle tagliate.

他们每个人都流着血撤退，喉咙或肩膀被割破。

Ciò fu sufficiente a scatenare una carica selvaggia da parte dell'intero branco.

这足以引发整个狼群的疯狂冲锋。

Si precipitarono tutti insieme, troppo impazienti e troppo ammassati per colpire bene.

他们一起冲了进来，因为太急切和拥挤而无法进行有效打击。

La velocità e l'abilità di Buck gli permisero di anticipare l'attacco.

巴克的速度和技巧使他在进攻中保持领先。

Girò sulle zampe posteriori, schioccando i denti e colpendo in tutte le direzioni.

他用后腿旋转，向各个方向猛击和攻击。

Ai lupi sembrò che la sua difesa non si fosse mai aperta o avesse vacillato.

对于狼队来说，这看起来就像他的防守从未打开或动摇过。

Si voltò e colpì così velocemente che non riuscirono a raggiungerlo alle spalle.

他转身猛砍，速度之快让他们根本无法追上他。

Ciononostante, il loro numero lo costrinse a cedere terreno e a ritirarsi.

尽管如此，敌军人数众多，迫使他退却。

Superò la piscina e scese nel letto roccioso del torrente.

他穿过水池，来到岩石河床。

Lì si imbatté in un ripido pendio di ghiaia e terra.

在那里，他遇到了一处陡峭的砾石和泥土堤岸。

Si è infilato in un angolo scavato durante i vecchi scavi dei minatori.

他挤进了矿工们以前挖掘时挖出的一个角落。

Ora, protetto su tre lati, Buck si trovava di fronte solo al lupo frontale.

现在，巴克受到了三面保护，只需面对最前面的狼。

Lì rimase in attesa, pronto per la successiva ondata di assalto.

他在那里坚守阵地，准备迎接下一波攻击。

Buck mantenne la posizione con tanta ferocia che i lupi indietreggiarono.

巴克死命坚守阵地，狼群都向后退缩了。

Dopo mezz'ora erano sfiniti e visibilmente sconfitti.

半小时后，他们已经筋疲力尽，明显失败了。

Le loro lingue pendevano fuori e le loro zanne bianche brillavano alla luce della luna.

它们的舌头伸出来，白色的尖牙在月光下闪闪发光。

Alcuni lupi si sdraiano, con la testa alzata e le orecchie dritte verso Buck.

一些狼躺下，抬起头，竖起耳朵看着巴克。

Altri rimasero immobili, attenti e osservarono ogni suo movimento.

其他人则站着不动，警惕地注视着他的一举一动。

Qualcuno si avvicinò alla piscina e bevve l'acqua fredda.

一些人漫步到水池边，舔着冷水。

Poi un lupo grigio, lungo e magro, si fece avanti furtivamente, con passo gentile.

然后，一只瘦长的灰狼温和地爬了过来。

Buck lo riconobbe: era il fratello selvaggio di prima.

巴克认出了他——他就是之前的那个野蛮兄弟。

Il lupo grigio uggiolò dolcemente e Buck rispose con un guaito.

灰狼轻轻地哀嚎了一声，巴克也用哀嚎回应。

Si toccarono il naso, silenziosamente, senza timore o minaccia.

他们轻轻地碰了碰鼻子，没有任何威胁或恐惧。

Poi venne un lupo più anziano, scarno e segnato dalle numerose battaglie.

接下来是一只年长的狼，它因多次战斗而憔悴不堪，身上满是伤疤。

Buck cominciò a ringhiare, ma si fermò e annusò il naso del vecchio lupo.

巴克开始咆哮，但停下来嗅了嗅老狼的鼻子。

Il vecchio si sedette, alzò il naso e ululò alla luna.

老的那只坐下来，扬起鼻子，对着月亮嚎叫。

Il resto del branco si sedette e si unì al lungo ululato.

其余的狼也坐下来，加入长嚎。

E ora la chiamata giunse a Buck, inequivocabile e forte.

现在，巴克收到了一个明确而强烈的呼唤。

Si sedette, alzò la testa e ululò insieme agli altri.

他坐下来，抬起头，和其他人一起嚎叫。

Quando l'ululato cessò, Buck uscì dal suo riparo roccioso.

当嚎叫声结束时，巴克走出了岩石庇护所。

Il branco si strinse attorno a lui, annusando con gentilezza e cautela.

狼群围住了他，既友善又警惕地嗅着他的气息。

Allora i capi lanciarono un grido e si precipitarono nella foresta.

然后领头的那群狼大叫一声，冲进了森林。

Gli altri lupi li seguirono, guaendo in coro, selvaggi e veloci nella notte.

其他狼也紧随其后，齐声嚎叫，在夜色中狂野而迅速。

Buck corse con loro, accanto al suo selvaggio fratello, ululando mentre correva.

巴克和他们一起奔跑，在他那野性的兄弟旁边，一边跑一边嚎叫。

Qui la storia di Buck giunge al termine.

到这里，巴克的故事终于结束了。

Negli anni a seguire, gli Yeehats notarono degli strani lupi.

在随后的几年里，伊哈特人注意到了奇怪的狼。

Alcuni avevano la testa e il muso marroni e il petto bianco.

有些动物的头部和口鼻部呈棕色，胸部呈白色。

Ma ancora di più temevano la presenza di una figura spettrale tra i lupi.

但他们更害怕狼群中出现的幽灵。

Parlavano a bassa voce del Cane Fantasma, il capo del branco.

他们低声谈论着这群狗的首领——幽灵狗。

Questo Ghost Dog era più astuto del più audace cacciatore di Yeehat.

这只幽灵狗比最大胆的 Yeehat 猎人还要狡猾。

Il cane fantasma rubava dagli accampamenti nel cuore dell'inverno e faceva a pezzi le loro trappole.

幽灵狗在隆冬时节从营地偷走东西并撕碎了陷阱。

Il cane fantasma uccise i loro cani e sfuggì alle loro frecce senza lasciare traccia.

鬼狗杀死了他们的狗，躲过了他们的箭，无影无踪。

Perfino i guerrieri più coraggiosi avevano paura di affrontare questo spirito selvaggio.

即使是最勇敢的战士也害怕面对这个野蛮的灵魂。

No, la storia diventa ancora più oscura con il passare degli anni trascorsi nella natura selvaggia.

不，随着荒野中岁月的流逝，故事变得更加黑暗。

Alcuni cacciatori scompaiono e non fanno più ritorno ai loro accampamenti lontani.

一些猎人消失了，再也没有回到遥远的营地。

Altri vengono trovati con la gola squarciata, uccisi nella neve.

其他人被发现喉咙被撕开，被杀害在雪地里。

Intorno ai loro corpi ci sono delle impronte più grandi di quelle che un lupo potrebbe mai lasciare.

它们的身体周围有足迹——

比任何狼留下的足迹都要大。

Ogni autunno, gli Yeehats seguono le tracce dell'alce.

每年秋天，耶哈特人都会追寻驼鹿的踪迹。

Ma evitano una valle perché la paura è scolpita nel profondo del loro cuore.

但他们避开了一个山谷，因为恐惧深深地刻在了他们的心里。

Si dice che la valle sia stata scelta dallo Spirito Maligno come sua dimora.

据说这个山谷是恶魔选定的家园。

E quando la storia viene raccontata, alcune donne piangono accanto al fuoco.

当这个故事被讲述出来时，一些妇女在火堆旁哭泣。

Ma d'estate, c'è un visitatore che giunge in quella valle sacra e silenziosa.

但到了夏天，一位游客来到了那座安静、神圣的山谷。

Gli Yeehats non lo conoscono e non potrebbero capirlo.

耶哈特人不认识他，也无法理解他。

Il lupo è un animale grandioso, ricoperto di gloria, come nessun altro della sua specie.

这只狼非常伟大，浑身散发着荣耀，与同类中其他狼都不一样。

Lui solo attraversa il bosco verde ed entra nella radura della foresta.

他独自一人穿过绿色树林，进入森林空地。

Lì, la polvere dorata contenuta nei sacchi di pelle d'alce si infiltra nel terreno.

在那里，驼鹿皮袋里的金色粉末渗入土壤。

L'erba e le foglie vecchie hanno nascosto il giallo del sole.

草和老叶遮住了阳光下的黄色。

Qui il lupo resta in silenzio, pensando e ricordando.

在这里，狼默默地站着，思考着，回忆着。

Urla una volta sola, a lungo e lugubremente, prima di girarsi e andarsene.

他转身离开之前，发出一声漫长而悲伤的嚎叫。

Ma non è sempre solo nella terra del freddo e della neve.

然而，在这片寒冷冰雪的土地上，他并不总是孤独的。

Quando le lunghe notti invernali scendono sulle valli più basse.

当漫长的冬夜降临低洼山谷时。

Quando i lupi seguono la selvaggina attraverso il chiaro di luna e il gelo.

当狼群在月光和霜冻中追逐猎物时。

Poi corre in testa al gruppo, saltando in alto e in modo selvaggio.

然后他跑在队伍的最前面，高高跃起，狂野不已。

La sua figura svetta sulle altre, la sua gola risuona di canto.

他的身形高大，嗓音中充满歌声。

È il canto del mondo più giovane, la voce del branco.

这是年轻世界的歌声，是狼群的声音。

Canta mentre corre: forte, libero e per sempre selvaggio.

他一边奔跑一边歌唱——坚强、自由、永远狂野。